DU CHAOS À L'ESSOR : VERS UNE RÉVOLUTION AFRICAINE

Ruptures géopolitiques, matières premières et souveraineté stratégique à l'ère du multipolarisme

Junior MBUYI

DU CHAOS À L'ESSOR : VERS UNE RÉVOLUTION AFRICAINE

Ruptures géopolitiques, matières premières et souveraineté stratégique à l'ère du multipolarisme.

Préface de Cheikh Tidiane Gadio

L'Harmattan

5-7, rue de l'École-Polytechnique ; 75005 Paris

www.editions-harmattan.fr

ISBN : 978-2-336-63814-0
EAN : 9782336638140

Il est temps que l'homme se fixe à lui-même son but. Il est temps que l'homme plante le germe de sa plus haute espérance.

Maintenant son sol est encore assez riche. Mais ce sol un jour sera pauvre et stérile et aucun grand arbre ne pourra plus y croître.

Malheur ! Les temps sont proches où l'homme ne jettera plus par-dessus les hommes la flèche de son désir, où les cordes de son arc ne sauront plus vibrer !

Je vous le dis : il faut porter encore en soi un chaos, pour pouvoir mettre au monde une étoile dansante.

Ainsi parlait Zarathoustra – Prologue – Friedrich Nietzche

Remerciements

Cet ouvrage n'aurait pu voir le jour sans l'apport, le soutien et l'engagement de plusieurs personnalités auxquelles je tiens à rendre un hommage appuyé.

À George Arthur Forrest, dont l'action au Congo demeure une référence, et qui m'avait déjà fait l'honneur de préfacer mon premier essai.

À Dr Cheikh Tidiane Gadio, dont la voix panafricaine, à travers sa préface, résonne comme un prolongement naturel de son combat pour l'unité et la souveraineté du continent.

À Robert Frattino, au Pasteur Jean Bosco Kanku, Roger Ntumba, Patrick Djo, Jessica Bentayeb, Pascal Klobcar, Danijela Milovanovic, pour leur soutien indéfectible, signe d'une fidélité précieuse dans les moments décisifs.

À Bertin Mampaka, premier Congolais à siéger au Parlement bruxellois, dont le parcours illustre la force de la diaspora et l'importance de son engagement civique.

À mes enfants, Nathan, Marie et Noah, pour leur soutien inconditionnel et la lumière qu'ils apportent à chacun de mes combats.

Enfin, à toute ma famille, pour sa patience et sa compréhension dans ce travail de longue haleine.

À propos de l'auteur

Junior MBUYI est expert financier international, entrepreneur et essayiste franco-congolais. Diplômé de **l'École Supérieure de Gestion (MBA Finance et Marchés de Capitaux)** et de l'Université **Paris I Panthéon-Sorbonne (DESS Commerce et affaires Internationales)**, il accompagne depuis plus de vingt ans les banques, banques centrales, institutions financières et autorités publiques sur les enjeux de gestion des risques, de régulation bancaire, de stabilité financière et de souveraineté économique.

Ses travaux s'appuient sur plus de deux décennies d'expérience en Europe comme en Afrique. Cette double approche, à la fois opérationnelle et stratégique, nourrit une réflexion résolument tournée vers les grands défis économiques et géopolitiques du continent africain.

Membre du Centre Africain de Veille et d'Intelligence Économique (CAVIE), il est le fondateur du groupe JPG Consulting Partners ainsi que d'Africa Risk, le premier think tank africain dédié à l'analyse intégrée des risques macroéconomiques, souverains, financiers, réglementaires et géopolitiques. Il intervient régulièrement dans les grands forums internationaux consacrés aux enjeux économiques, financiers et géopolitiques de l'Afrique et poursuit actuellement le **Global Executive MBA de l'INSEAD**, régulièrement classée parmi les meilleures écoles de management au monde par le *Financial Times* parmi les programmes MBA et Executive MBA.

Son expertise lui a notamment valu d'être reçu en audience privée par le **Président de la République de Gambie**, à l'occasion des **Financial Afrik Awards**, pour des échanges consacrés aux enjeux de stabilité financière, d'investissement et de souveraineté économique en Afrique. Lauréat des Financial Afrik Awards, il figure parmi les « 100 personnalités qui transforment l'Afrique », dans la catégorie « Les forces montantes ».

Auteur de : «***Une superpuissance africaine en devenir : quand la RDC s'éveillera*** » et de « ***Du chaos à l'essor : Vers une Révolution Africaine ?*** » Junior MBUYI développe une réflexion originale à la croisée de la finance internationale, de la géopolitique et de la prospective stratégique. Ses travaux défendent l'émergence d'une Afrique-puissance, souveraine, innovante et pleinement actrice du nouvel équilibre mondial du XXIe siècle.

À travers ses ouvrages, ses travaux de recherche et ses interventions internationales, Junior MBUYI œuvre à promouvoir une nouvelle lecture de l'Afrique : celle d'un continent capable de devenir l'une des puissances d'équilibre du monde multipolaire du XXIe siècle.

Préface

Il est des silences dans l'histoire qui sont des promesses. Des silences puissants et assourdissants qui précèdent l'éveil des peuples, annoncent la recomposition des forces, et frayent le chemin à l'enfantement douloureux d'un monde nouveau.

Le monde que nous connaissions semble se déliter. Sous nos yeux, les certitudes de l'après-guerre froide se lézardent, les équilibres de la puissance vacillent, et les anciennes hégémonies ébranlées tâtonnent face à l'inconnu. Cette transition universelle en cours, où chaos et lueurs semblent se côtoyer, exige des voix nouvelles, capables de lire entre les lignes de l'actualité, d'anticiper les ruptures, et d'appeler à un nouvel imaginaire international fécondé par un nouveau narratif courageux et profondément humaniste.

La voix de Junior MBUYI est de celles-là. Son essai est un acte de lucidité, de courage mais surtout d'espoir et de confiance. Lucidité, parce qu'il reconnaît les fractures d'un système international fatigué, miné par l'unilatéralisme, les conflits d'influence et la brutalisation des rapports Nord-Sud. Courage, parce qu'il ose démontrer que « le monde de demain ne pourra se faire sans l'Afrique » — et même : « ne se fera pas sans elle ». Espoir et confiance, également, parce qu'il fait la preuve que l'essor peut paradoxalement surgir de ces tensions intenses et inédites.

Loin des discours d'assistanat ou de dépendance, ce texte affirme une vérité simple et redoutable : l'Afrique n'est plus un enjeu passif, elle est devenue un acteur stratégique. Par ses ressources, bien sûr — ces minerais critiques au cœur des transitions énergétiques. Par sa jeunesse — cette vitalité démographique qui constitue un réservoir d'innovations, de luttes et de rêves. Mais aussi par son « réveil stratégique » et sa capacité à penser autrement les relations internationales : avec le Sud global, avec les BRICS, avec les puissances émergentes, avec l'ensemble du monde, dans des relations repensées, rééquilibrées et refondées.

Pas une réponse dictée par l'extérieur. Pas une posture défensive. Mais une vision souveraine, de long terme, fondée sur trois piliers que ce livre illustre avec clarté :

Souveraineté politique pour une Afrique apte à décider elle-même, selon ses intérêts et ses priorités ;

Souveraineté économique parce que le Continent doit pouvoir maîtriser ses propres ressources, ses chaînes de valeur et ses choix de développement ;

Et souveraineté sécuritaire, bien entendu, car l'objectif de stabilité ne peut éternellement dépendre de forces extérieures ou de médiations intéressées.

Junior MBUYI, expert financier international reconnu — déjà auteur d'un premier essai remarqué (« Une superpuissance africaine en devenir, quand la RDC s'éveillera » - Éditions de l'Aube) — inscrit ici son propos bien au-delà de l'économie, dans une pensée stratégique qui rejoint la grande tradition des prises de conscience africaines majeures. Dans un style vivant, où l'expérience ne rejette jamais l'intime, il développe un propos sans concession mais s'emploie, sans cesse, à mettre des solutions en exergue, comme autant d'invitations au changement et à l'innovation.

Dès 1963, Kwame Nkrumah nous avertissait à Addis-Abeba :

« L'unité de l'Afrique est un impératif sans lequel notre liberté politique ne sera qu'illusoire. Tant que nous resterons désunis, nous serons vulnérables face aux manipulations extérieures. Seule l'unité nous permettra de garantir notre indépendance et de peser sur le monde. »

C'est dans cette lignée que s'inscrit l'héritage des pères fondateurs de l'Organisation de l'Unité Africaine — Kwame Nkrumah, Haile Selassie, Gamal Abdel Nasser, Julius Nyerere, Modibo Keïta et tant d'autres — qui, à l'époque, ont en effet jeté les bases d'une Afrique unie, fière et souveraine. Leur message demeure d'une brûlante actualité : dépasser les frontières artificielles héritées de la colonisation et de la balkanisation de l'Afrique, refuser de négocier de nouvelles formes de tutelle après s'être émancipée des anciennes tutelles, et affirmer, ensemble, la place incontournable de l'Afrique dans le monde multipolaire qui s'écrit aujourd'hui.

Plus que jamais, nous avons le devoir de faire vivre un tel message. Car pendant que les puissances se disputent les sphères d'influence, l'Afrique reste le théâtre de conflits tragiques — au Soudan, en RDC, au Sahel — dont les solutions se négocient trop souvent loin du Continent, dans des capitales étrangères, sous le regard d'institutions panafricaines et internationales désormais paralysées.

Souvenons-nous de David Diop, qui s'était fort justement écrié :

« Malgré vos chants d'orgueil au milieu des charniers /

L'Espoir vivait en nous comme une citadelle. »

Le monde vit en effet sous l'emprise de ce que j'ai appelé « le « syndrome de l'unilatéralisme à vocation universelle » : c'est-à-dire cette tendance, parfois inconsciente, qu'ont certaines puissances à ériger leur modèle en norme mondiale.

Toutefois, l'Afrique n'a pas vocation à s'opposer au reste du monde, encore moins à inscrire dans une conflictualité stérile, son rapport à l'Occident auquel tant d'entre nous doivent aussi une part de leur parcours. L'Afrique a vocation à dialoguer d'égal à égal, à bâtir des partenariats équilibrés, dans le respect mutuel et la prise en considération indispensable de ses propres choix.

En parcourant ces pages, j'ai retrouvé l'écho de mes propres combats : ceux menés à l'Union africaine, à l'OCI, à l'ONU, dans les fora diplomatiques et dans mes responsabilités au sein de la CEDEAO, où j'ai eu l'honneur de servir comme Président du Conseil des Ministres et du Conseil de Paix et de Médiation.

C'est dans ce cadre que j'ai conduit, en octobre 2002, les négociations de Bouaké qui ont abouti à la signature de l'Accord de cessez-le-feu, mettant fin à la première phase de la guerre civile en Côte d'Ivoire.

Comme ministre des Affaires étrangères du Sénégal, j'ai également dirigé plusieurs médiations : l'Accord Inter-Malgache de Dakar de mai 2003 entre les dirigeants de Madagascar, l'Accord de Paix de

Dakar entre le Tchad et le Soudan en mars 2008, ou encore la Médiation internationale de l'Union africaine et de la Communauté internationale en Mauritanie, conclue en juin 2009 après six mois d'efforts ardus.

Ces expériences m'ont livré une leçon essentielle : l'Afrique n'a pas vocation à subir les solutions venues d'ailleurs. Elle a la capacité de créer ses propres cadres de paix, ses propres accords, son propre chemin vers la stabilité, dans la fidélité à ses propres valeurs. À travers ces pages que semble inspirer une telle ambition, la République Démocratique du Congo devient un prisme, une métaphore, un terrain d'analyse — mais aussi d'espérance. Le Congo, avec ses blessures et sa richesse, est un test pour le monde : saurons-nous bâtir un ordre qui respecte ses peuples, qui valorise ses ressources, qui écoute ses voix ? Je crois précisément que cet ouvrage donne des clés essentielles, sans prétendre tout résoudre, sans chercher à imposer ni à nier l'ampleur des défis, mais il provoquera assurément une réflexion, un débat, et, je le souhaite ardemment, une action. C'est d'ailleurs ainsi que commencent les vraies révolutions, non dans la violence, mais dans la conscience.

Et de nouveau, la poésie dit l'horizon :

« Et des savanes aux jungles,

Nos mains crispées dans l'étreinte du combat

Montrent à ceux qui pleurent des éclats d'avenir. » (David Diop)

Oui, l'Afrique porte en elle la clarté des lendemains. À condition d'oser l'unité, de revendiquer sa souveraineté, et de refuser la résignation. Ce livre est bien une pierre posée sur ce chemin.

Et il est heureux que cette pierre ait été posée par un fils d'Afrique qui a aussi des attaches fortes et assumées avec la France. Cette double identité n'est pas une contradiction, elle est une richesse : elle symbolise ce pont entre deux mondes qui, au lieu de s'opposer, doivent apprendre à se respecter et à bâtir ensemble. C'est aussi cela, « la révolution africaine » que ce livre appelle de ses vœux :

une Afrique décomplexée, souveraine, mais jamais fermée ; une Afrique debout, mais toujours enracinée dans ses valeurs cardinales mais aussi ouverte « aux souffles fécondants des apports extérieurs ».

Cet ouvrage mérite d'être lu, médité, discuté sur le continent africain, mais aussi partout où l'on veut penser un monde commun que nous avons tous en partage et que le Poète-Président Senghor invitait à bâtir comme « une Civilisation de l'Universel » pour tous et par tous !

Dr Cheikh Tidiane GADIO

Ancien ministre des Affaires étrangères du Sénégal - Président de l'Institut Panafricain de Stratégies (Paix – Sécurité – Gouvernance)

Avant-propos

Du chaos au tremplin : D'un quartier populaire aux institutions de Breton Woods, de Washington à l'INSEAD et aux plus prestigieux amphithéâtres les plus prestigieux du monde : l'ascension d'un enfant de l'exil contre les déterminismes

Itinéraire d'un enfant de l'exil

Je suis né à Kinshasa, dans le quartier de Lingwala, un 23 juin, à la fin des années soixante-dix. J'étais l'aîné. Mon père était ingénieur. Il travaillait à Inga Shaba, ce barrage immense, hydroélectrique, qui était alors l'une des plus grandes infrastructures d'Afrique. Une fierté nationale. Un symbole. Le Congo de Mobutu voulait électrifier le continent depuis son fleuve, et mon père faisait partie de ceux qui en avaient la charge technique.

Ma mère avait interrompu des études littéraires pour s'occuper de nous. Nous étions locataires d'une petite maison dans une cour partagée, comme on vit à Kinshasa entre soi, dans le bruit des voix mêlées, le lingala cette langue bantoue qui circule d'une porte à l'autre, se mêlant à la chaleur de l'air et aux parfums que je conserve comme autant de signatures fugaces de mon enfance.

Car de ces années-là, il ne me reste presque rien. Quelques images floues, une lumière, des sons, quelques paroles. Je n'avais pas cinq ans lorsque tout a basculé.

Mon père a dû partir. Le régime se durcissait, et sa situation professionnelle devenait intenable. Il a quitté le pays seul, d'abord pour la Belgique, où il est resté quelques mois, puis pour la France, où il a obtenu le statut de réfugié politique. Cette protection a tout changé. Sans elle, nous n'aurions probablement jamais pu le rejoindre. *Aussi loin que je remonte, penser à mon père a toujours imposé cette épreuve de l'exil.*

En 1984, nous l'avons rejoint Ma mère, mon petit frère, ma petite sœur et moi avons fait à notre tour le voyage. Une étape par la Belgique, chez un oncle, et puis Paris. Je n'avais que cinq ans, donc.

De ce départ, je ne garde que des fragments, des sensations. Mais j'ai compris très vite, sans pouvoir le formuler, que nous ne reviendrions pas. Pas avant longtemps. Peut-être jamais.

Nous nous sommes installés à Vincennes. Au 27, avenue Paul Déroulède. Un studio de dix-neuf mètres carrés, au troisième étage du deuxième immeuble sur cour. Nous étions cinq.

Dix-neuf mètres carrés à cinq. Aujourd'hui, en l'écrivant, je mesure mieux ce que cela signifiait. À l'époque, je ne mesurais rien, c'était simplement ainsi que nous vivions. Et puis Vincennes, c'était une belle adresse. Une jolie ville, à la lisière du Bois et du Château. Pour nous, qui venions de Kinshasa, c'était l'Europe rêvée, l'Europe qu'on nous avait décrite : pavée, ordonnée, propre. Nous y étions mêlés aux bonnes familles, aux bonnes écoles, sans savoir que nous appartenions à une autre catégorie — celle des invisibles que l'on tolère dans les beaux quartiers parce qu'ils logent dans les arrière-cours.

Je suis entré au cours préparatoire à l'école Est-Passeleu. Je ne parlais pas bien français. Mon père avait prévenu la maîtresse, madame Renard. Elle m'a accueilli sans bruit, sans drame. *Je n'ai jamais oublié ce que je devais à madame Renard, même si elle ne l'aura jamais su.* C'est sa patience qui aura fait entrer en moi la langue française, vite, presque sans résistance — comme si elle attendait sa place depuis Lingwala.

Mon père a trouvé un emploi de chef de rayon dans une enseigne d'alimentation qui a depuis disparu. Ma mère, plus tard, a complété les revenus du foyer en travaillant tôt le matin, avant l'ouverture des commerces. Ils partaient ensemble le matin, ils revenaient ensemble le soir. Ils ne se plaignaient pas. Ils tenaient.

Je n'ai compris que beaucoup plus tard ce que coûte un tel silence.

Leurs enfants, eux, allaient à l'école dans cette belle cité, avec des bonnes manières et un cartable propre. C'était le pacte — le pacte de l'exil : que les parents recommencent en bas de l'échelle, non pas pour s'y élever à nouveau eux-mêmes, mais pour rendre cette trajectoire accessible à leurs enfants. Je n'ai jamais entendu mes parents formaliser ce pacte. Je l'ai vu vivre, jour après jour, à hauteur d'enfant. Et je sais aujourd'hui ce que je leur dois.

C'est là, à Vincennes, dans ce studio trop petit, que s'est forgé en moi quelque chose qui ne m'a plus quitté : *le sentiment que l'on devait des comptes.* Pas à la France, puisqu'à l'époque nous ne lui devions rien d'autre que ce qu'elle nous laisserait éventuellement construire. Mais à eux. À mon père, à ma mère. À ce qu'ils avaient abandonné pour que nous puissions, nous, gagner le droit de conquérir.

Trois ans plus tard, en 1987, nous avons quitté Vincennes pour Champigny-sur-Marne. Le quartier du Bois l'Abbé. Une autre France.

Du déménagement, je garde en mémoire une scène précise. Une seule, mais elle résume tout. Nous avions transporté nos affaires dans des cartons. L'un d'eux portait sur ses flancs l'image d'un téléviseur — c'était son emballage d'origine. À l'intérieur, il n'y avait pas de télévision. Il y avait du linge, des ustensiles de cuisine, ce que l'on emporte quand on change de vie sans en avoir forcément les moyens.

Nous avons posé le carton en bas de l'immeuble, le temps d'en monter un autre. Quelques secondes. Quand nous sommes redescendus, le carton n'était plus là.

Nous l'avons retrouvé au seizième étage. Quelqu'un l'avait emporté, croyant voler une télévision. Découvrant des casseroles, il l'avait abandonné là, sur le palier, comme on rejette un appât décevant.

Et là, nous avons compris où nous étions arrivés.

Le Bois l'Abbé n'était pas Vincennes. Ce n'était plus la même France. C'était une France où ce que l'on déposait une seconde à terre pouvait disparaître. Où l'apparence comptait plus que le réel — au point qu'un emballage suffisait à déclencher la convoitise. Où l'on apprenait, dès le seuil franchi, que la confiance par défaut n'existait plus.

C'est là où j'ai grandi, dans ce quartier classé en ZEP.

Le Bois l'Abbé était-il est encore l'un des quartiers les plus difficiles d'Île-de-France. Une plaque tournante pour la drogue, le banditisme, la délinquance organisée. Les bagarres faisaient partie du décor.

La peur, on apprenait à ne pas la montrer.

Et la règle, non écrite mais immédiate, tenait en une phrase que tout enfant du quartier finissait par comprendre :

Si tu ne t'imposes pas, tu es écrasé.

Cette phrase, je ne l'ai pas apprise dans un livre. Je l'ai apprise dans la cour, dans les couloirs, dans les escaliers. Je l'ai apprise en regardant ceux qui pliaient et ceux qui tenaient. Et je l'ai apprise sans le savoir, comme un lexique qui ne dirait pas son nom.

Je le retrouve aujourd'hui, intact, quand je parle de souveraineté africaine. Quand j'écris que mesurer son propre risque est une forme de pouvoir. Quand je défends l'idée qu'un continent qui ne fixe pas ses propres règles voit le coût de son capital fixé par d'autres, et qu'il finit par accepter, parce qu'il n'a pas le choix, ce que d'autres ont décidé pour lui. *Si tu ne t'imposes pas, tu es écrasé.* Le Bois l'Abbé m'a appris cette grammaire-là bien avant que je sache la nommer.

À douze ans, j'ai cessé de coûter à mes parents.

Ce n'était pas une décision théorique. C'était une évidence qui s'imposait d'elle-même, en regardant mon père et ma mère partir avant le jour. Je voyais ce qu'ils faisaient pour nous. Je voyais aussi ce qu'ils ne pouvaient plus faire. Alors j'ai commencé à acheter mes vêtements moi-même, mes cahiers, mes manuels scolaires.

Je travaillais au marché. Cinq heures du matin pour aider à installer les étals. Treize heures pour les remballer. Cinquante francs la matinée. Cinquante francs de l'époque, dans la main, durement gagnés. *Pas l'argent facile de la drogue, qui circulait pourtant à quelques mètres, et qui aurait payé tout cela cent fois plus vite.* L'argent du marché. L'argent qui ne se reproche pas.

Le quartier offrait deux chemins. J'ai choisi le plus long.

À seize ans, j'ai passé mon BAFA. C'était une libération. Je pouvais enfin m'occuper, à mon tour, des plus jeunes du quartier — dans les centres sociaux de Champigny, puis comme moniteur de colonies de vacances auprès des Pionniers de France. Pendant huit ans, j'ai été éducateur. Huit ans qui ont financé mes études, du baccalauréat au DESS de la Sorbonne, puis au MBA.

Mais ces huit années m'ont octroyé bien plus que des revenus. Elles m'ont donné le goût de la transmission. Cette idée simple, presque évidente, que ce qu'on a reçu doit se rendre — pas à ceux qui nous ont mis le pied à l'étrier, mais à ceux qui attendent derrière. *Le quartier m'avait appris à ne pas être écrasé. Les enfants dont je m'occupais m'apprenaient, eux, ce qu'on doit aux générations suivantes.*

Aujourd'hui, quand je travaille auprès d'États africains, de gouverneurs de banques centrales, de ministres des finances, c'est encore cette philosophie qui me guide. Conseiller, ce n'est pas décider à la place de l'autre, c'est aider à faire de bons choix. Et parfois même à se tenir debout. Comme on aidait les plus jeunes à grandir en colonie. Comme mes parents m'avaient aidé sans jamais s'attribuer le mérite. *Voilà l'histoire de ma vie.*

Comment mes parents ont-ils tenu, dans ce quartier ? Je me le demande encore.

Ils ont tenu par la discipline. Une discipline silencieuse, presque sévère. Les devoirs avant tout. Pas de traîne en bas des tours. Le retour à l'heure. Le respect des aînés, et celui dû à soi-même. La langue française à l'extérieur, le lingala à la maison — et quand nos parents nous parlaient lingala, nous leur répondions en français, sans qu'aucun ne s'en formalise. Nous étions devenus, à notre manière, deux cultures dans une seule famille.

Ils ont tenu, surtout, par l'idée que rien de ce que nous vivions n'était définitif. Le Bois l'Abbé n'était pas notre destin. C'était une étape. Une étape exigeante, longue, mais une étape. Mes parents ne nous l'ont jamais dit en ces termes, ils nous l'ont fait vivre. Dans la vigilance, dans la rigueur scolaire, dans une certaine raideur même, qui m'a parfois pesé enfant, mais que je loue aujourd'hui.

À douze ans, j'ai vu mon père adhérer au PDSC, le parti des sociaux-démocrates congolais, opposé à Mobutu. Il militait depuis la France, à distance, pour un pays où il ne pouvait pas remettre les pieds. *Il m'a transmis, sans jamais m'en parler, l'idée qu'on pouvait être loin d'un pays et continuer à se battre pour lui.* Cette idée-là ne m'a pas quitté. Elle structure, encore aujourd'hui, tout ce que j'essaie de bâtir.

J'ai grandi entre deux « maisons mentales ». Celle du dehors — Champigny, la dalle, les copains, la République, l'école laïque, plus tard la Jeunesse communiste, Georges Marchais député du Val-de-Marne, l'engagement militant qui me semblait alors la suite naturelle de ce que mon père m'avait montré. Et celle du dedans — la rumba congolaise qui jouait dans le salon, les récits du père sur Kinshasa, l'hymne national qu'il nous a fait apprendre comme on apprend une comptine, et qui me revient encore aujourd'hui, y compris dans des moments inattendus.

Du Bois l'Abbé, j'ai obtenu mon baccalauréat en 1997, au lycée Paul-Doumer, au Perreux-sur-Marne. J'avais choisi l'économie et la géopolitique. Je ne savais pas encore que ces deux mots, mis l'un à côté de l'autre, dessineraient toute ma vie professionnelle. À l'époque, je les choisissais parce qu'ils me permettaient de comprendre quelque chose que ni l'école ni la rue ne m'expliquaient : pourquoi des pays riches en ressources étaient pauvres en infrastructures. Pourquoi le Congo, malgré Inga, n'arrivait pas à décoller.

J'ai quitté le Bois l'Abbé à vingt-trois ans, pour préparer mon MBA dans le calme. C'était la première fois que je vivais ailleurs. La première fois que je dormais dans un endroit où le bruit ne montait pas par les fenêtres et où l'on pouvait poser un sac une seconde sans le surveiller. Je m'en souviens comme d'un dépaysement intérieur plus que géographique. *On ne quitte pas le Bois l'Abbé un matin. On le quitte au fil des années, par couches, sans jamais totalement tourner cette page.*

Aujourd'hui, j'écris depuis Genève. Mon cabinet conseille des institutions financières et des gouvernements à travers l'Europe et l'Afrique. Je préside un institut de pensée stratégique sur la souveraineté africaine, dont les relais couvrent Paris, Johannesburg,

Nairobi, Kinshasa et Abidjan. J'ai conçu le moteur de calcul réglementaire RCE – Risk Calculator Engine et je rencontre, à Washington comme à Kinshasa, des ministres, des gouverneurs de banques centrales, des parlementaires.

J'achève en outre un Global Executive MBA à l'INSEAD, classée n°1 mondiale des écoles de commerce et de management.

Au-delà d'un accomplissement académique, c'est une victoire symbolique.

C'est la preuve qu'il est possible de partir d'un quartier difficile, de surmonter l'adversité, et de se retrouver assis dans les amphithéâtres les plus prestigieux du monde.

C'est une revanche discrète contre les déterminismes sociaux, une manière de dire à ceux qui viennent des mêmes rues que moi : « Rien n'est impossible. »

J'ai ainsi l'honneur de marcher sur les pas de leaders africains passés eux-aussi par cette école, tels que Tidjane Thiam (Côte d'Ivoire), Lucy Quist (Ghana) ou encore Patricia Ithau (Kenya).

Des femmes et des hommes qui ont su allier excellence mondiale et engagement africain, et qui montrent que le leadership africain a toute sa place dans les cercles de décision les plus exigeants.

L'INSEAD résume sa philosophie par une formule simple et puissante :

"We bring together people, cultures and ideas to develop responsible leaders who transform business and society."

Cette vision résonne profondément avec mes convictions. Elle traduit ce en quoi je crois : la rencontre des expériences, des cultures et des idées comme condition préalable à toute transformation durable.

Dans un monde fragmenté, polarisé et instable, la capacité à faire dialoguer les différences n'est plus un luxe intellectuel, mais une nécessité stratégique.

Des inspirations qui m'ont guidé

Dans cette optique, je pense à ceux qui m'ont inspiré.

« L'esclave qui n'est pas capable d'assumer sa révolte ne mérite pas qu'on s'apitoie sur son sort. » – Thomas Sankara.

« It always seems impossible until it's done. » – Nelson Mandela

Ces paroles – je pourrais en citer quelques autres – ont résonné dans mes nuits de doute comme dans mes jours de combat.

Elles m'ont appris que la réussite n'est jamais un hasard, mais le fruit de la volonté, de la résilience et de la vision.

Car quand je ferme les yeux, je suis encore au troisième étage du 27, avenue Paul Déroulède. Je suis encore au seizième étage d'une tour du Bois l'Abbé, devant un carton de cuisine abandonné, faute de contenir une télévision… Je suis encore l'enfant qui voyait ses parents partir tôt et rentrer tard, sans bruit, et qui se promettait sans le formuler, qu'il ne trahirait pas leurs efforts.

La lanterne

Si mon histoire a une valeur, c'est peut-être celle de la lanterne.

Car celui qui avance avec une lanterne éclaire aussi le chemin des autres.

Du quartier du Bois l'Abbé aux bancs de l'INSEAD, en passant par les institutions financières et les amphithéâtres les plus prestigieux du monde, j'ai compris que mon cheminement-n'avait de sens que s'il pouvait inciter d'autres à marcher à leur tour. Oui, transmettre… N'est-ce pas finalement la plus gratifiante des vertus quand, comme moi, on est parti de peu pour atteindre, finalement, les objectifs assumés qu'on avait osés se fixer à soi-même ?

Nul orgueil, nulle suffisance dans ce propos : plutôt une invitation qui s'adresse aux jeunes des quartiers, aux enfants d'immigrés, aux fils et aux filles de réfugiés, à croire en eux-mêmes, à oser rêver en grand, et à transformer leurs rêves en actes puis leurs actes en destin.

Car la véritable question n'est pas :

« D'où viens-tu ? » mais bien « Jusqu'où veux-tu aller ? ».

C'est dans cet esprit que j'ouvre ce livre.

Convaincu qu'il n'aurait sans doute pas pu être écrit par un autre. Pas parce qu'il contient des idées que d'autres ne pourraient pas formuler. Mais parce que la conviction qui le traverse, celle que la souveraineté n'est pas un slogan mais une discipline, une grammaire, une lutte quotidienne contre l'écrasement, *cette conviction-là, je ne l'ai pas acquise dans les ouvrages.*

Je l'ai apprise dans une cour de Lingwala que je n'ai presque pas connue, mais qui pourtant me manque.

Je l'ai apprise dans dix-neuf mètres carrés à Vincennes, où cinq personnes ont vécu trois ans sans renoncer.

Je l'ai apprise au Bois l'Abbé, dans une tour d'où l'horizon reste bouché, même de son plus haut étage. Je l'ai apprise aussi auprès de deux exilés, humbles et silencieux, qui m'ont transmis, sans un mot de doctrine, la seule chose qu'il fallait pour la suite.

Loin du réquisitoire ou du manifeste idéologique, il s'agit donc simplement d'une tentative de mise en perspective : croiser les trajectoires, les regards et les réalités pour penser autrement la place de l'Afrique dans un monde multipolaire en recomposition.

Avec la confiance chevillée au corps, pas tant pour moi-même que pour tous ceux qui liront ce livre et y puiseront peut-être l'envie de libérer leur propre talent et leur propre énergie, quitte à repenser ainsi radicalement l'horizon qu'on leur promettait …

Un récit qui, au-delà de mon parcours, veut témoigner de la possibilité de transformer chaque fracture en levier, chaque obstacle en tremplin — et qui applique ce constat à une Afrique en quête d'émancipation au cœur de l'ère multipolaire.

Un ouvrage en forme de passerelle : entre le local et le global, entre l'Afrique d'hier et l'Afrique de demain.

Mon espoir est qu'en refermant ces pages, chacun puisse y trouver non seulement une source d'inspiration, mais aussi une interpellation : un appel à l'audace, au changement et à l'action.

Car c'est là, au fond, le véritable message que je veux partager : la certitude que l'histoire n'est jamais écrite d'avance.

Le *chaos* n'est pas rédhibitoire : il doit servir de stimuli à une révolution africaine que les jeunes générations ont le pouvoir d'impulser.

Introduction

Lettre à Josué : naître africain à l'heure du basculement du monde

Lettre à une jeunesse appelée à changer le cours de l'histoire

Fatalité…

Au fil de nos nombreuses discussions, Cher Josué, ce mot est revenu sans cesse, tel un fil rouge pesant mais incontournable quand on évoque l'Afrique.

« *Est-ce une fatalité, Junior ?* ». Si ma réponse a fusé, comme pour effacer cette ombre qui voilait ton regard, comment ne pas avouer que je me suis moi-même posé la question, un millier de fois. Sans doute mon engagement, tu le devines, doit-il se lire aussi à l'aune de ce questionnement …

****

Champigny-sur-Marne ne ressemble pas vraiment à une station balnéaire.

Le constat s'imposait déjà vers la fin des années 80 quand j'y ai vécu avec mes parents, au cœur d'une ZUP pour « Zone Urbaine Prioritaire ». Prioritaire, je n'ai d'ailleurs jamais eu le sentiment de l'être à l'époque, et ce, où que j'aille. Ce qui explique peut-être que comme tous les gamins qui y habitaient, je n'ai pas cherché à dépasser les frontières du quartier… Seul, l'accès au lycée, bien que situé dans la même ville, m'a alors permis d'élargir mon horizon, quarante-cinq minutes de bus s'assimilant peut-être à la promesse d'un futur moins étriqué.

L'environnement n'était pas des plus souriants mais les cités ghettos sont aussi des lieux où se forgent de solides amitiés. Celle que j'ai nouée avec Stéphane fut de celles-là. Nous formions un vrai binôme. Il était un frère aux côtés duquel j'ai d'abord partagé deux années d'études dans un établissement privé à Noisiel : un BTS de Commerce International, pointu et exigeant.

Comme l'argent ne coulait pas à flot, j'avais trouvé un « petit boulot » à la « Lyonnaise Câble », ancêtre de SFR. Et pour chaque cours que je manquais, Stéphane me transmettait un contenu ciselé, produit de sa propre et talentueuse capacité à digérer le savoir.

« *Tu sais quoi, Junior, on est les meilleurs parce qu'on est solidaires* ». Ça le faisait rire, les abonnements que je vendais pour arrondir mes fins de mois et mine de rien, notre duo a bel et bien relevé le défi : un diplôme en poche et un accès direct en licence puis en maîtrise de « Commerce et Affaires Internationales » à Paris 12. Je ne pensais pas aller au-delà. C'est Stéphane qui m'a convaincu que l'aventure devait se prolonger : un DESS. Je ne l'avais tout simplement pas envisagé, mais si mon pote me disait de poursuivre, il n'y avait pas à hésiter.

Et puis, un matin, le coup de massue. Le résultat d'une prise de sang qui fait tout basculer. Une leucémie fulgurante. Stéphane est parti six mois plus tard. La mort, elle-même, n'a jamais brisé notre complicité. Je pense à lui, si souvent. Je sais qu'il serait fier de voir que son vieil ami s'est déployé. L'avion a remplacé le bus et l'espace s'est agrandi. Mais je ris encore au souvenir des blagues potaches qui nous faisaient glousser ... Et puis je n'ai pas oublié : la solidarité. Sans elle, sans Stéphane, je n'aurais pas accompli cette route qui m'a permis de voir et de comprendre. Je sais ce que je lui dois à jamais.

Voilà Josué.

Tu comprends mieux ce qu'a produit ton message initial, posté sur mes réseaux sociaux.

Un jeune homme brillant, étudiant épris de savoir autant que de liberté, au parcours académique remarquable, désireux d'apprendre mais empêché de poursuivre sa route. La perspective d'une inscription en Master 1 « Économie de Développement » dans une grande université française. Mais un renoncement à la clé, faute du soutien financier ou de la bourse qui aurait rendu possible un tel projet. Le sentiment insupportable d'un État insensible au sort de l'enfant de Lubumbashi, au sort de tous ses enfants.

Et puis, finalement, une seconde chance offerte sous la forme d'un report de scolarité accordé par l'établissement.

Tes mots qui sonnent comme un appel à l'aide, un premier échange téléphonique, une rencontre, plus tard, et puis, au fil du temps, ce sentiment étrange de distinguer chez toi un écho lointain à ce que je fus moi-même. Ma jeunesse qui resurgit à travers ton propre combat et la conviction que face à cette situation de blocage, je me devais de « faire quelque-chose », fidèle au précieux message de Stéphane.

Ce coup de pouce, Josué, est peu au regard des enjeux. S'il peut te permettre d'avancer et de décrocher le diplôme auquel tu aspires, j'en serai immensément heureux. La porte ouverte à des perspectives stimulantes, un horizon plus vaste, un espoir qui gagne le droit de déboucher.

Mais le poids de cette « fatalité » demeure. Elle nous a conduit à dresser cette somme de constats qui semblent invariablement associés au destin des Africains, de la pauvreté à la corruption en passant par l'instabilité, la dépendance, la fragilité institutionnelle ou le déficit éducatif. Nous avons évoqué l'horreur à l'est de la RDC. L'indifférence de la communauté internationale qui, dans le meilleur des cas, se substitue à la duplicité ...

Mais, suprême paradoxe, à mesure que nos conversations prenaient corps, je crois t'avoir convaincu que des voies existent, comme si le diagnostic posé conduisait, dans le même temps, à révéler des alternatives. Pas juste des rêves ou des supputations. Pas de ces paroles qu'on prononce pour se détourner du réel. Non, Josué, les termes d'un vrai défi dédié à un avenir enviable.

Je t'ai parlé de mes rencontres, de mes voyages. D'innovations qui débouchent, de rapports de force qui se gagnent. Je t'ai décrit des réformes nécessaires, souvent bloquées par la seule volonté de potentats désireux de pérenniser leurs privilèges. Je t'ai dit les atouts d'un continent et le potentiel de notre pays.

Tu écoutais avec attention et, plusieurs fois, j'ai vu dans ton regard qu'il n'y avait plus d'ombre mais une lueur enthousiaste.

Au cœur d'un monde en proie à tant de secousses, de menaces et de doutes, je t'ai dit pourquoi je demeurais fondamentalement optimiste.

L'idée que l'analyse géopolitique actuelle puisse s'enrichir du point de vue d'un Franco-Congolais a semblé t'amuser. Un autre angle, un autre point de vue, parce que les choses ne sont pas les mêmes, selon le lieu d'où elles s'observent …

Oui, quand je parcours cette planète, ce n'est pas l'effroi qui me saisit, c'est l'évidence d'un destin : le chaos du présent peut être à la source d'une émancipation inédite de l'Afrique.

« C'est ce que tu penses, Junior ? Alors, écris-le ... »

Chapitre 1

Washington, chronique du chaos annoncé

Trump, l'Amérique et la fracture de l'ordre mondial

Washington, septembre 2023.

Je suis attendu au Département d'État Américain où, dans le cadre d'un processus appelé « Constructiv Dialog », des acteurs du monde économique ou de la société civile sont régulièrement auditionnés. Le bâtiment est imposant à défaut de briller par une folle élégance architecturale : « Ce n'est pas *du Ronsard, C'est de l'Amerloc* » comme le chantait Claude Nougaro... Le contrôle à l'entrée est méticuleux. L'ascenseur me fait gravir de nombreux étages puis je patiente un moment, avant d'être introduit dans une salle de réunion aussi vaste qu'austère.

Je fais face à quatre membres du Département qui m'accueillent avec une grande courtoisie. Trois hommes, une femme.

Ils m'invitent à leur présenter aussi succinctement que possible, la thèse que j'ai développée dans un précédent ouvrage. En résumé, la République Démocratique du Congo dispose d'atouts considérables qui la désignent potentiellement comme une future super-puissance africaine, apte à peser demain dans le concert international. Sa démographie, son positionnement géographique, la superficie de ses terres cultivables ou encore l'incroyable richesse de son sous-sol font en effet écho à de nombreux enjeux stratégiques du monde qui se construit, en particulier dans le champ environnemental. Pourtant, afin de capitaliser pleinement sur de telles forces, la RDC doit impérativement apporter, enfin, des réponses durables aux maux chroniques qui la lestent : retrouver le chemin de la paix, réformer ses institutions et sécuriser son système bancaire.

Sur ce dernier point, protéger l'économie nationale et attirer de nouveaux investissements, doit passer par l'émergence d'établissements convertis aux standards mondiaux en matière de solvabilité et de fonds propres règlementaires. Seule, la mise en place d'une Autorité de contrôle prudentiel pourrait satisfaire un tel objectif, restaurant un climat de confiance, sous l'impulsion d'un État stratège.

Business, souveraineté, transparence ... Ces vocables que mes hôtes n'ont peut-être pas l'habitude d'entendre de leurs interlocuteurs africains, retiennent toute leur attention.

Les questions fusent, révélant de leur part, une maîtrise impressionnante du dossier : leur regard, un brin circonspect à l'origine, a laissé place à un véritable esprit de dialogue. L'idée d'une Autorité capable de faire basculer le schéma financier congolais dans une ère nouvelle les intéresse. Le principe d'un futur séminaire dédié à ce chantier est même évoqué.

Je sors près de deux heures plus tard de ce rendez-vous intense, convaincu d'avoir capté une écoute sincèrement positive. Pour autant, disons-le, les choses n'auront pas avancé au rythme que j'espérais.

De fait, le pouvoir en RDC, confronté à la tragédie d'un conflit meurtrier avec le voisin rwandais, n'aura pas réservé à ce projet, la réactivité attendue.

Quelques semaines plus tard, lors d'une nouvelle visite dans la capitale américaine, j'ai revu par hasard l'un de mes quatre conseillers. Appelons-le John.

John avait ses habitudes dans un joli pub où sont servis des fish and chips et burgers relativement irrésistibles.

Cravate desserrée, jolie pinte de bière à l'appui, John affiche une posture moins professorale. L'audition semble loin et, me reconnaissant, il me fait signe de le rejoindre à sa table. Il enchaîne immédiatement sur l'actualité africaine : aucun fait nouveau ne semble lui échapper. L'impression de grande compétence que j'avais ressentie dès l'origine, est pleinement confirmée, dans ce cadre improbable mais néanmoins propice à un nouvel échange.

Peu avant de prendre congé (et alors que je n'ai pas encore terminé mon cheese burger…) John attire mon attention sur l'écran de télévision où défilent en continu les titres de CNN. Le présentateur évoque alors la future élection présidentielle. Avec un clin d'œil qui, en l'occurrence, ne traduit aucun enthousiasme, John me glisse une phrase que je n'ai pas oubliée : « *Trump va gagner et ce sera le chaos…* ».

J'observe sa grande silhouette, quand il quitte prestement l'établissement.

Je reste interdit. Le chaos. Vraiment ? …

Faudrait-il considérer que le « chaos » remonte au 5 novembre 2024, date du retour de Donald Trump dans le bureau ovale de la Maison Blanche ?

Ce serait oublier un peu vite que le monde n'a pas attendu ce fait politique – certes majeur – pour révéler des cris, des tensions et des menaces qui, de l'Afghanistan à la mer de Chine méridionale, en passant par l'est de la RDC ou par le Proche-Orient, confirment que partout, l'espoir de paix se lézarde, signant la fin du système international issu de l'après-guerre et le début d'un « autre-chose » dont nul ne cerne véritablement les contours.

Penser un avenir placé sous le signe de températures capables de faire fondre les piliers même de notre organisation collective, maîtriser l'impact d'une Intelligence Artificielle qui redéfinit *aussi* les limites entre le vrai et le faux, comprendre les effets d'un bannissement des règles et du droit dans les négociations du futur : une liste à la Prévert nullement exhaustive, qui agrège tant et tant de questionnements vertigineux, auxquels nos nations se trouvent aujourd'hui confrontées.

Et puis Trump …

D'abord, ne pas se tromper sur les intentions de l'administration américaine, en action depuis janvier 2025.

Car, disons-le : sur bien des aspects, les démocrates au pouvoir auraient pu revendiquer le « Make America Great Again » cher à l'actuel président américain.

La singularité de ce nouveau pouvoir se situe ailleurs.

Celui-ci est fondamentalement dogmatique.

Largement inspiré par les travaux de la Heritage Foundation que traduit le « Project 2025 », document d'un petit millier de pages, qui s'attaque à une idéologie progressiste honnie. Donald Trump s'appuie ainsi sur une feuille de route où la guerre des valeurs représente un moteur central.

On y affirme par exemple l'impérieuse nécessité de terrasser les élites de l'establishment politique et intellectuel et de démanteler l'État administratif, symbole d'un pouvoir centralisé et autoritaire, mais trop permissif sur la question de l'immigration ou sur la défense des valeurs traditionnelles.

Plus largement, c'est une philosophie résolument empreinte de virilisme qui s'affiche, dans laquelle le rapport de force prévaut sur le droit. Sous l'autorité de Donald Trump s'est installée une gouvernance où se côtoient post libéraux et libertariens, ces deux sensibilités partageant la même détestation du « wokisme » assimilé au mal absolu et la même propension à convoquer la « liberté d'expression », en lui associant une définition qui légitime surtout de museler celle des autres.

Au fil des mois, le pouvoir judiciaire, le monde universitaire ou la sphère médiatique font l'objet de brimades voire d'offensives caractérisées, dans le désir évident d'élargir au maximum les marges de manœuvre d'un Président allergique aux contrepouvoirs …

De ce point de vue, l'attaque en règle contre la science est saisissante : programmes de recherche interrompus, financements supprimés, licenciements en masse au sein du monde académique et même, interdiction de recourir à certains vocables dans les rapports et documents de travail. Orwell, lui-même, n'avait pas été aussi loin… La défiance à l'égard des faits est telle qu'on les rend invisibles en imposant de ne plus les formaliser : le réchauffement climatique n'existe donc plus, balayé par la volonté d'une Autorité suprême sise à la Maison Blanche.

Cette hostilité à l'égard des scientifiques accompagne, plus largement, le rejet revendiqué des élites intellectuelles. En résumé, si l'on prolonge l'exemple du consensus scientifique sur le climat, celui-ci est présenté comme une simple interprétation, équivalente à n'importe quelle croyance individuelle. La confusion entre opinion et connaissance est au cœur de l'idéologie qui règne à la Maison-Blanche. Ainsi, les vérités établies deviennent négociables dès lors qu'elles contredisent la position politiquement arrêtée par « le chef ».

Ce dernier inflige d'ailleurs la même condamnation aux programmes dédiés à l'inclusion ou à la diversité.

Mais que dire de ce qui s'écrit tragiquement dans le Minnesota en janvier 2026 ?

Deux morts, tués par balle.

Renee Nicole Good et Alex Pretti. Une femme, un homme, simples citoyens américains. Victimes collatérales de la brutalité débridée de l'ICE (pour « Immigration and Customs Enfoncement »). Sous l'autorité de Donald Trump, cette agence fédérale ne fait pas dans la dentelle. La violence est de mise et les dérapages à ce point tolérés qu'on ne les qualifie même plus de dérapages.

Ainsi, contre toute évidence et en l'absence totale de preuves, plusieurs porte-paroles de l'administration américaine n'hésiteront pas à qualifier « d'agitateurs » ou de « terroristes » ces deux victimes encombrantes dont la mort ne leur suffit pas puisqu'ils veillent à y ajouter l'indignité …

L'objectif fixé par la Maison Blanche est élevé : un million d'expulsions par an, dans le cadre de cette vaste opération censée favoriser la mise hors d'état de nuire des « pires criminels en situation irrégulière ». Chiffre impossible à atteindre, même si, depuis la réélection du milliardaire à la présidence des Etats-Unis, ce sont plusieurs dizaines de milliers de personnes qui ont été évincées du territoire américain.

ICE gère environ 220 installations réservées aux migrants. Sur place, les conditions de détention sont indignes. En 2025, trente et un d'entre eux y décèdent, ce qui constitue le plus triste des records.

Face au tollé que provoquent les méthodes de l'ICE, mêlant arrestations massives et agressivité décomplexée, Donald Trump décide de mettre un terme au dispositif déployé dans cet état démocrate : la machine sécuritaire est revue à la baisse mais l'objectif demeure, légitimé par cette assimilation obsessionnelle du migrant à une menace. Dès lors, plus rien ne semble retenir l'hostilité de ceux qui, couverts par les hautes sphères, laissent libre cours à des actes qui ignorent les principes et les valeurs généralement accolés à la démocratie américaine.

Nationalisme, révisionnisme, populisme, absolutisme : au cœur d'un irrationnel politique en marche, c'est à partir de tels ingrédients que se structure également la doctrine économique de l'administration américaine. Cette dernière est clairement « infiltrée » par des magnats de la Silicon Valley, donateurs généreux du candidat Trump ou ralliés de la dernière heure, mais tous officiellement en convergence sur le plan idéologique et serviles au besoin : *business is business ...*

Pour ces puissants acteurs de la tech, tout ce qui vise à réguler ou à concurrencer leur secteur est nécessairement voué aux gémonies. Il y a donc bien collusion de fait entre les patrons voraces d'une caste technologique et un pouvoir politique symbolisé par la figure charismatique d'un autocrate républicain.

Resurgissent ici les mots prononcés par Joe Biden, au crépuscule de son mandat : « *Une oligarchie prend forme en Amérique, faite d'extrême richesse, de pouvoir et d'influence, qui menace déjà notre démocratie entière* ... ». Et menace aussi les grands équilibres mondiaux…

Quand le 2 avril 2025 (baptisé « Liberation Day »), Donald Trump annonce la mise en œuvre de ses « droits de douane réciproques », c'est bel et bien une guerre commerciale généralisée qu'il choisit de déclencher. Le raisonnement économique associé à ce coup de tonnerre repose sur un postulat fantasmé : le déficit commercial et budgétaire des États-Unis lié à une évaluation excessive du dollar en tant que monnaie de réserve internationale s'assimilerait à une injustice. Il convient donc de relever les droits de douanes afin de relancer la production nationale et de faire supporter aux partenaires commerciaux une part accrue de la charge fiscale puisque, « *pendant des décennies* », l'Amérique aurait été « *volée, pillée, violée* », selon les termes de son président.

Le corollaire d'une telle approche consiste bien entendu en une dévaluation du dollar, manière, là-aussi, de transférer le poids des déficits américains à d'autres pays. Et peu importe que les chiffres annoncés par la Maison Blanche reposent sur des évaluations totalement fantaisistes. L'objectif est non seulement de monnayer l'accès au marché américain – qui représente presque un tiers de la consommation planétaire – de pousser les entreprises étrangères à localiser leur production sur place, mais aussi (sans doute) de servir des objectifs allant au-delà de l'économie : renforcer la position américaine dans ses négociations futures, par exemple avec qui souhaiterait bénéficier d'un soutien militaire associé à l'OTAN …

On le voit : la logique du plus fort transparaît à nouveau ici, de même que le poids écrasant de l'idéologie. Tout est froidement réduit à l'état de marchandage, par-delà les règles, les valeurs ou l'héritage partenarial.

Dans cette démarche de démondialisation brutale transparaissent pourtant les limites du raisonnement.

Car contrairement à ce que pensent les concepteurs d'une telle stratégie, sonner le glas du libre-échange en place depuis quatre-vingts ans (et fondé sur le principe de non-discrimination) est un choix particulièrement risqué.

D'abord, les faits montrent que les droits de douane ne sont jamais supportés par les pays exportateurs mais d'abord par le consommateur américain lui-même. Une telle politique porte clairement en elle une menace inflationniste élevée : les démocrates ne sont pas les plus mal placés pour témoigner de ses possibles conséquences sur le plan électoral …

Ensuite, attribuer aux droits de douane un pouvoir décisif dans la résorption du solde commercial d'une nation est illusoire. Rappelons-le : entre 2016 et 2020, le déficit de la balance commerciale des Etats-Unis a augmenté d'un quart, sans effet significatif sur l'emploi industriel. Le Président, à l'époque, s'appelait … Donald Trump.

Enfin, le diagnostic de l'administration américaine révèle un biais majeur. En effet, ce déficit commercial qu'elle prétend juguler n'est pas le produit d'un déferlement de produits étrangers, que favoriserait une pratique chronique du dumping : il résulte plutôt de la domination financière américaine. Or, c'est bien cet atout qui favorise l'accès des consommateurs outre-Atlantique à une large palette de biens et de services à des prix accessibles. Cette puissance financière, c'est aussi celle qui alimente l'innovation et entretient notamment le leadership technologique étasunien dans la compétition internationale.

Le 20 février 2026, la Cour suprême va pourtant couper court à cette fuite en avant : à une majorité de six juges contre trois, elle rend une décision implacable, annulant les droits de douane réciproques que Donald Trump avait érigés au rang de « baguette magique » tarifaire, estimant que ce dernier ne pouvait tout simplement pas les justifier par la nécessité d'urgence économique. Résultat : l'administration américaine se trouve contrainte de mettre piteusement en place un portail où les entreprises sollicitent le remboursement des montants acquittés. La « note » pourrait être salée, susceptible de dépasser les 170 milliards de dollars.

Reste que face à ce signal protectionniste sans équivalent depuis les années 30, le monde a semblé d'abord abasourdi. Pas seulement par l'impact prévisible d'une telle charge sur le plan économique et social. Mais aussi par ce qu'elle révélait où plutôt par ce qu'elle confirmait. Un repli américain, une remise en cause fondamentale des repères et des synergies qui prévalaient depuis 1945. Il arrive que les basculements historiques ne soient pas immédiatement identifiables. Ils ne se présentent pas toujours sous la forme d'un traité solennel ou d'une déclaration officielle marquant la fin d'un ordre et l'avènement d'un autre. Ils s'installent plutôt à travers une succession d'actes, de ruptures voire de silences. L'entrée dans une autre époque est sans doute la perspective la plus vertigineuse à laquelle l'Homme puisse être confronté.

Elle est nécessairement source de doute ou d'angoisse et généralement, de pessimisme. Car elle oblige à bousculer ses propres certitudes pour se réinventer. Paul Eluard le disait : « *Il y a un autre monde mais il est dans celui-ci* ».

Celui issu de l'après-guerre reposait sur une promesse : celle d'un système international régi par le droit, structuré par des institutions collectives, et stabilisé par un équilibre assumé entre grandes puissances.

L'Organisation des Nations unies devait en être la colonne vertébrale. Le Conseil de sécurité, son centre de gravité. C'est cette architecture globale à laquelle l'administration Trump va donc s'attaquer frontalement, accélérant une transformation déjà en cours : la transition d'un ordre unipolaire vers une multipolarité instable et souvent conflictuelle. Au cœur de cette phase intermédiaire, les institutions internationales semblent parfois chanceler. Entre négociations, ripostes ciblées ou mesures de rétorsion, les stratégies se déploient, et participent de cette vaste recomposition. Les alternatives émergent sans encore s'imposer.

Pourtant, dès à présent, un constat – fût-il audacieux – s'impose : du chaos peut surgir un rebond.

Car dans sa volonté de domination écrasante, la « doctrine trumpienne » révèle en effet ce paradoxe, qu'au lieu d'asservir ses cibles, elle parvient parfois à leur dessiner un horizon.

Sera-ce le cas pour l'Europe ? On peut évidemment en douter quand on considère le traitement que lui inflige l'administration Trump. Le 5 décembre 2025, celle-ci publie un texte d'une trentaine de pages sur la « stratégie de sécurité nationale ». Reprenant largement les arguments déjà déployés dix mois plus tôt par JD. Vance à Munich, lors d'une conférence internationale consacrée à la sécurité, ce document l'annonce : le continent européen sera « méconnaissable dans vingt ans ou moins » son « effacement civilisationnel » étant clairement évoqué. Les raisons invoquées ? Effondrement des identités nationales, liberté d'expression censurée et immigration galopante.

Dès lors, et de façon décomplexée, les auteurs de cette note au vitriol, assument une forme d'annexion de l'Europe, ingérence politique à la clé, avec le soutien affiché aux partis « patriotiques » aptes à accélérer le démantèlement de ses institutions. Si le même texte épargne largement la Russie, traitant d'ailleurs du conflit ukrainien en cautionnant largement un narratif venu de Moscou, la détestation à l'égard des « amis » du vieux continent suinte plus que jamais.

Mais en voulant faire exploser cet édifice européen qu'il accuse d'avoir été créé pour « entuber » son pays, Donald Trump pousse, de fait, à sa recomposition.

Des signaux (faibles) montrent en effet que les lignes pourraient bouger.

Déjà, l'Europe cherche à créer les conditions d'une compétitivité accrue, même si les préconisations du rapport Draghi tardent à produire de vrais effets. Consciente de ses nombreuses dépendances à l'égard des Etats-Unis – de la Défense à l'énergie en passant par la finance ou la technologie – elle sait bien qu'elle devra diversifier ses exportations. Elle cherche ainsi à se rapprocher du Mexique (réduction programmée des droits de douane mutuels et renforcement des échanges en matière de pièces automobiles), du Canada (nouveau partenariat de défense, possibilité d'accords sur les minéraux essentiels ou le gaz naturel), évoque (non sans arrière-pensées) l'éventualité d'approfondir ses relations avec la Chine et revendique même ouvertement la perspective d'une « défense commune », jusqu'alors tabou. Car les Européens, lucides sur leurs faiblesses, doivent capitaliser sur leurs atouts : la taille de leur marché, le talent de leurs cerveaux mais aussi leur capacité à frapper les géants de la tech américaine qui réalisent un quart de leurs revenus sur le continent européen. La volonté de réduire la dépendance numérique du vieux continent monte d'ailleurs en puissance, avec une projection dynamique sur la certification européenne pour les services de cloud et, comme objectif, celui de renforcer la protection des datas auxquelles, dans certains cas, peuvent accéder les autorités américaines.

Surtout, plusieurs épisodes ont montré l'aptitude (récente) des Européens à faire front face aux dérives unilatérales américaines : ainsi, les menaces d'annexion du Groenland ou la volonté d'enrôler les forces militaires européennes dans la libération du détroit d'Ormuz, ont vu les dirigeants continentaux opposer une fin de non-recevoir à la Maison Blanche.

La fracture transatlantique est patente et dépasse les simples atermoiements d'un président narcissique : le mouvement est profond, structurel et exigera de l'UE une crédibilité collective qui reste à construire.

Jean Monnet, visionnaire, l'avait résumé : « *L'Europe se fera dans les crises et elle sera la somme des solutions apportées à ces crises* ». On y est. L'Europe en aura-t-elle le courage ? Surtout, aura-t-elle le choix ?

La Chine, ennemi céleste …

Le cas chinois, bien éloigné, n'en est pas moins lui-aussi, très symptomatique des transformations en cours au cœur de la géopolitique mondiale. Mais un petit retour en arrière s'impose ici.

1969 : le président Richard Nixon (mettant en œuvre une impulsion de Henry Kissinger) inaugure sa « diplomatie triangulaire ». En clair, les Etats-Unis amorcent une reprise de dialogue avec la Chine populaire, exploitant par là-même les tensions perceptibles dans les rapports sino-soviétiques.

Cette approche vise bien entendu à isoler l'URSS ou, à tout le moins, à réveiller chez elle un intérêt contraint pour la détente, alors au cœur des objectifs stratégiques de l'administration américaine.

En 2025, certains analystes se sont posé la question : et si Donald Trump s'inspirait d'un tel schéma, mais à front renversé cette fois, afin d'isoler la Chine de Xi Jinping ? La thèse peut sembler séduisante mais ne résiste pas à un examen objectif de la réalité : outre la proximité « politico-philosophique » entre Russes et Chinois, qui partagent une même détestation de l'Occident, la dépendance économique des premiers à l'égard des seconds (la part de la Chine dans le commerce extérieur russe s'élève à environ 37%) rend aujourd'hui illusoire toute intention de mettre à mal la relation entre le Maître du Kremlin et celui de l'Empire céleste …

Si la Chine reste donc bien l'ennemi juré de l'actuel président américain, celui-ci l'assume directement, faisant fi de toute éventuelle subtilité diplomatique.

Lourdement taxés dans un premier temps par la Maison Blanche, les Chinois ont déjà démontré leur capacité à contre-attaquer, ciblant notamment les agriculteurs américains, en majorité électeurs du parti républicain. Car c'est bien le règne du libre-échange qui est aujourd'hui fragilisé, celui sur lequel la Chine avait fondé sa croissance depuis cinq décennies. Dans ce « nouvel ordre mondial » qui se dessine, Xi Jinping et ses conseillers ne négligent aucune piste et observent, non sans gourmandise, à quels errements peut conduire le « tout idéologie » qui prévaut désormais de l'autre côté de l'Atlantique.

Là-encore, se souvenir qu'en Chine, la « crise » est symbolisée par deux idéogrammes signifiant conjointement « menace » et « opportunité » …

Dans cette optique, le réchauffement climatique pourrait, précisément, représenter l'une des plus incroyables « opportunités » involontairement offertes par les Etats-Unis à leurs concurrents chinois. En effet, puisque l'administration Trump a décrété qu'il ne s'agissait là que d'un « fake-news » et qu'il convenait de ne même plus l'évoquer, c'est toute la politique environnementale de Joe Biden qui est méthodiquement démantelée. Ce renoncement aussi brutal que spectaculaire fait l'affaire de la Chine. Car en tournant le dos à la transition environnementale, la première puissance mondiale fait l'impasse sur ce qui dominera l'offre énergétique du futur. A l'inverse, les Chinois, lancés dans une course effrénée (et bientôt victorieuse) vers la neutralité carbone occupent déjà des positions dominantes sur les marchés internationaux de l'écologie (voitures électriques, panneaux solaires, éolien …).

Dans cette approche édifiante de l'avenir où domine un climato-scepticisme teinté de complotisme, l'administration américaine menace ainsi le devenir du leadership technologique de son pays, offrant à ses concurrents – à commencer par la Chine – des potentialités commerciales aussi inattendues que considérables.

Un paradoxe de plus. Une faille supplémentaire. Que les historiens, demain, mettront sans doute en exergue en soulignant les méfaits d'un outillage américain mal ajusté car reposant sur une vision du monde déconnectée du réel.

Et peu soucieuse des règles …

Quand la force supplante le droit : le Venezuela, symptôme d'un monde en bascule

Vendredi 2 janvier 2026. Le président du Venezuela, Nicolas Maduro, se trouve à Fuerte Tiuna, quartier général des forces armées de son pays. Le lieu est hyper-sécurisé mais ne résistera pas à l'assaut que lance l'unité d'élite Delta Force, sur ordre de la Maison Blanche. En quelques heures, parfaitement maîtrisée, l'opération – préparée depuis des mois – aboutit à l'arrestation du dirigeant sud-américain et de son épouse, rapatriés aux Etats-Unis.

L'événement laisse nombre d'observateurs littéralement sidérés.

Les justifications avancées – lutte contre le narcotrafic, protection de la sécurité régionale, défense de la démocratie – ne sont pas vraiment nouvelles. Elles ont accompagné nombre d'interventions par le passé. Ce qui change, en revanche, c'est le contexte. L'opération s'inscrit dans un moment historique où les garde-fous du multilatéralisme s'affaiblissent, où les institutions internationales peinent à jouer encore et toujours leur rôle d'arbitre et où les grandes puissances assument de moins en moins la nécessité d'un cadre collectif contraignant.

L'intervention américaine au Venezuela s'inscrit donc dans une séquence plus large : celle d'un retour assumé de la logique de sphères d'influence, où certaines régions du monde redeviennent des espaces d'intervention privilégiés, au nom d'intérêts stratégiques jugés supérieurs.

L'Amérique latine, longtemps considérée comme « l'arrière-cour » des États-Unis, retrouve brutalement cette centralité géopolitique, avec tous les risques que cela comporte bien entendu pour sa stabilité politique, économique et sociale.

Car l'usage de la force, même lorsqu'il prétend servir des objectifs vertueux, produit rarement des effets enviables. Au contraire, il ouvre généralement des périodes d'incertitude, crée des vides de pouvoir, nourrit des tensions internes et exacerbe les fractures régionales. Pour l'Amérique latine, le risque est double : une polarisation politique accrue entre États favorables ou hostiles à l'intervention américaine, et une déstabilisation durable susceptible d'alimenter crises migratoires, insécurité et recompositions autoritaires.

La réaction des grandes puissances à cet événement révèle, elle aussi, la fragmentation avancée de l'ordre international. La Chine et la Russie, dénonçant une violation flagrante de la souveraineté vénézuélienne et du droit international, y voient la confirmation de ce qu'elles décrivent depuis des années comme un usage sélectif des règles par l'Occident. Pour sa part, l'Europe se retrouve dans une position inconfortable : critiques à l'égard du régime de Caracas, mais réticentes à cautionner une intervention militaire unilatérale qui fragilise encore davantage l'architecture juridique mondiale. En Allemagne, au lendemain de cette spectaculaire intervention, *Der Spiegel* fait sa Une sur un Donald Trump plantant un drapeau américain sur le Venezuela avec un sous-titre sans équivoque : « Alles meins ! » (« Tout est à moi ! »).

Mais ce coup de force révèle aussi un aspect souvent sous-estimé des recompositions géopolitiques : la dimension monétaire et financière des rapports de force. Au-delà des justifications sécuritaires ou politiques avancées, ces crises interrogent le rôle central des ressources stratégiques et des systèmes de paiement dans la structuration de la puissance mondiale.

Depuis les années 1970, l'architecture du pétrodollar a constitué l'un des piliers invisibles de la primauté américaine. Cette dernière repose en grande partie sur son rôle pivot dans le commerce international de l'énergie. Ce mécanisme-a permis aux États-Unis de maintenir une influence financière écrasante dans l'économie mondiale. Or, la remise en cause progressive de ce système par certains États à travers la diversification des monnaies de règlement, le développement d'infrastructures de paiement alternatives ou le rapprochement avec les BRICS, constitue un facteur de tension croissant.

Le Venezuela, par l'ampleur de ses réserves pétrolières et par ses choix stratégiques récents, se situe précisément au cœur de cette dynamique. Mais il ne s'agit pas d'un cas isolé. La multiplication des initiatives visant à contourner les circuits financiers dominants traduit une contestation plus large de l'ordre monétaire international hérité de l'après-guerre.

L'effacement silencieux de l'ONU et la fragmentation de l'ordre mondial

Le silence relatif des Nations unies vient d'ailleurs illustrer, plus largement, une incapacité manifeste à imposer un cadre collectif de réponse, symptôme supplémentaire des limites du système actuel. Le Conseil de sécurité apparaît de plus en plus impuissant à prévenir ou à encadrer ce type d'action lorsqu'un membre permanent est directement impliqué. Le droit international, privé de mécanismes d'exécution effectifs, se trouve relégué à un rôle déclaratif.

Au lendemain de 1945, l'Organisation des Nations unies incarnait la promesse d'un monde régulé par la règle commune plutôt que par la force. Le Conseil de sécurité devait constituer le cœur décisionnel d'un système international capable d'encadrer le recours à la guerre, de prévenir les escalades et d'arbitrer les conflits majeurs.

Près de huit décennies plus tard, ce cadre existe toujours. Mais, on le voit, son autorité s'est érodée. Les crises récentes ont révélé une paralysie structurelle du Conseil de sécurité. Le mécanisme du veto, conçu à l'origine comme une garantie d'équilibre entre grandes puissances, est devenu un instrument de blocage réciproque.

Sur l'Ukraine, la Russie oppose son veto. Sur Gaza, les États-Unis en font usage. Sur d'autres théâtres, les lignes de fracture se répètent. Le Conseil continue de débattre, mais il décide de moins en moins.

Ce qui change n'est pas l'existence de l'institution, mais sa centralité. Les grandes puissances n'attendent plus systématiquement une validation collective pour agir.

Elles interviennent, frappent, sanctionnent, puis justifient leur action a posteriori. Le principe fondateur l'autorisation préalable comme condition de légitimité s'inverse progressivement. L'ONU conserve un rôle humanitaire, logistique, diplomatique. Elle coordonne l'aide, supervise certaines missions de paix, maintien des canaux de dialogue. Mais elle n'est plus le pivot stratégique qu'elle fut durant les décennies structurantes de l'après-guerre.

Dans ce vide relatif s'inscrit la montée en puissance des BRICS. Le groupe élargi, qui rassemble désormais plusieurs puissances émergentes, ne prétend pas remplacer l'ONU. Il ne dispose ni d'un mandat universel, ni d'un mécanisme de sécurité collective, ni d'une architecture militaire intégrée. Mais, on y reviendra, il constitue un espace de coordination politique et économique alternatif. Les BRICS portent un discours différent : celui de la contestation de l'hégémonie occidentale, de la diversification des partenaires, de la remise en question de la centralité du dollar et des institutions financières héritées de Bretton Woods.

Ils ne structurent pas encore un ordre nouveau, mais ils contribuent à fragiliser l'ancien. Ainsi, le monde entre dans une zone intermédiaire, ou plutôt transitoire.

Ainsi, entre un multilatéralisme affaibli et un multipolarisme inachevé, le système international évolue sans arbitre incontesté. Et lorsque l'arbitre s'efface, la tentation du rapport de force s'intensifie. Ce n'est pas la disparition du droit qui menace l'équilibre mondial. C'est son affaiblissement relatif face à la puissance.

C'est donc bien dans cet affaiblissement progressif du cadre collectif que doivent être analysées les crises les plus récentes.

Lorsque l'autorité normative s'érode, les puissances testent les limites du système, évaluent les réactions de leurs adversaires et redéfinissent les lignes rouges. L'escalade entre les États-Unis, Israël et l'Iran s'inscrit précisément dans cette dynamique. Elle ne peut être réduite à un affrontement régional ni à une simple séquence de dissuasion militaire. Elle constitue un révélateur du monde en formation.

Ce qui se joue dans ce théâtre moyen-oriental dépasse la stricte question nucléaire ou sécuritaire.

Il s'agit d'un test grandeur nature de la capacité du système international à encadrer désormais l'usage de la puissance.

Le moyen orient, zone de turbulences : le choc iranien

Mardi 24 février. Dans la vaste chambre d'un hôtel aux Émirats arabes unis, je peine à trouver les mots pour apaiser mes enfants. Le grondement sourd d'explosions plus ou moins lointaines les effraie. Alertes successives, fermetures de l'espace aérien et conversations angoissées dans les couloirs de l'établissement, créent un climat particulièrement tendu. Là où certains parlent de dissuasion stratégique, d'équilibres nucléaires ou de frappes ciblées, nous nous contentons, si j'ose dire, d'entendre des bombes…

Ce décalage entre l'analyse et la réalité physique rappelle une évidence : la géopolitique n'est pas une abstraction académique. Elle est une expérience vécue par des populations, des expatriés, des familles, voire des États, pris dans des rapports de force qui les dépassent. Observer l'escalade entre l'Iran, les États-Unis et Israël depuis le Golfe, c'est ressentir la fragilité de cet équilibre régional que l'on croyait stabilisé par des alliances militaires et des accords sécuritaires.

C'est mesurer à quel point l'effacement progressif des mécanismes multilatéraux laisse place à une logique plus brute : celle de la puissance assumée.

Observer en grandeur nature l'escalade entre l'Iran, les Etats-Unis et Israël depuis cette région du monde, c'est comprendre que la transition vers la multipolarité implique une normalisation du risque.

Le monde ne bascule pas dans les discours. Il bascule dans l'expérience vécue.

Oui, l'escalade militaire entre les États-Unis, Israël et l'Iran offre une illustration particulièrement révélatrice de la mutation stratégique en cours. Au-delà des circonstances propres à ce conflit, c'est la nature même de l'action entreprise qui mérite attention — et les objectifs qu'elle sous-tend. Les frappes coordonnées visant des infrastructures iraniennes ne s'inscrivent pas uniquement dans une logique de dissuasion immédiate.

Elles traduisent une volonté plus large : redessiner les équilibres régionaux au Moyen-Orient.

Pour Washington, l'Iran représente simultanément :

- Un défi à la suprématie américaine dans le Golfe,
- Un acteur central des réseaux anti-occidentaux (Hezbollah, milices chiites, alliances avec Moscou et Pékin),
- Un vecteur potentiel de contournement du système du pétrodollar,
- Et un pivot stratégique du corridor énergétique et militaire reliant la Russie à l'Asie.

Affaiblir l'Iran, ce n'est donc pas seulement neutraliser une menace militaire. C'est contenir un nœud stratégique dans la recomposition multipolaire. Dans un monde en transition, certains états cessent d'être de simples adversaires pour devenir des variables d'équilibre global.

Pour Israël, l'enjeu est plus existentiel encore. L'Iran est perçu comme :

- Le principal soutien militaire et financier des forces hostiles à ses frontières,
- Le moteur idéologique d'un encerclement stratégique,
- Et un acteur capable, à terme, de modifier l'équilibre de dissuasion régional. Dans cette perspective, la frappe préventive vise à empêcher une modification durable du rapport de force.

Ainsi, derrière l'argument sécuritaire, deux logiques s'entrecroisent :

- Maintenir la primauté stratégique américaine dans une région clé pour l'énergie mondiale ;
- Empêcher l'émergence d'un axe Iran–Russie–Chine capable de consolider une architecture alternative.

Le cas iranien révèle ainsi un glissement : la souveraineté devient relative dès lors qu'un État est considéré comme un perturbateur systémique. La logique préventive supplante la logique diplomatique. La réaction de la Russie, dénonçant une « agression » et un « diktat hégémonique », s'inscrit elle-même dans cette recomposition.

En se référant, non sans cynisme, au droit international, Moscou confirme surtout à quel point le droit international est affaibli... Car si, dans l'absolu, il est légitime de défendre un cadre où l'intervention unilatérale américaine doit être contestée, lorsque ce discours émane d'un pouvoir prétendant lui-même annexer un pays voisin, c'est un rapport presque obscène à l'évolution du monde qui transparaît.

Ce discours trouve pourtant un écho croissant dans le Sud global, où la méfiance envers l'usage sélectif du droit international s'intensifie. Ainsi, au-delà du théâtre moyen-oriental, l'épisode iranien agit comme un révélateur systémique. Il illustre un schéma dans lequel les grandes puissances cherchent à verrouiller leurs zones d'influence, à protéger leurs architectures financières et énergétiques, et à empêcher la consolidation d'axes rivaux. Ce qui se joue n'est pas seulement l'avenir d'un régime. C'est la préservation ou la contestation d'un ordre stratégique régional.

Dans cette dynamique, le multilatéralisme ne disparaît pas ; il s'efface progressivement au profit d'une multipolarité conflictuelle, où l'équilibre ne repose plus sur des règles partagées, mais sur des rapports de puissance assumés.

Les grandes recompositions géopolitiques paraissent souvent abstraites lorsqu'on les observe depuis un bureau ou à travers les graphiques des marchés financiers.

Elles deviennent soudain concrètes lorsque le fracas du réel traverse le silence des certitudes.

L'affaiblissement du multilatéralisme, combiné à l'émergence incomplète d'alternatives comme les BRICS, crée une zone grise systémique. Dans cet espace, l'usage de la force tend à redevenir un outil ordinaire de régulation stratégique.

La réunion d'urgence du Conseil de sécurité des Nations unies, convoquée à la suite de l'escalade entre les États-Unis, Israël et l'Iran, aurait pu constituer un moment de clarification collective.

Las ! Aucune résolution contraignante n'a été adoptée. Aucune mesure coercitive n'a émergé. Aucun mécanisme opérationnel de désescalade n'a été activé. Le débat fut intense, les positions tranchées, les condamnations verbales nombreuses.

Le Secrétaire général a appelé à la retenue et à un cessez-le-feu immédiat. Plusieurs États ont invoqué le respect du droit international et de la Charte des Nations unies.

Mais l'organe censé incarner l'autorité suprême en matière de paix et de sécurité internationales n'a pas pu masquer cet état de fait : dans le système qui prévaut désormais, la légitimité ne découle plus exclusivement d'un consensus multilatéral, mais de la capacité à imposer un rapport de force crédible.

Dans le monde qui émerge, la puissance ne se mesure d'ailleurs plus seulement en capacités militaires. Elle dépend de la capacité à contrôler les flux énergétiques, financiers, technologiques qui structurent l'économie mondiale. L'Iran dans cette équation, notamment avec le contrôle du détroit d'Ormuz, n'est pas une périphérie. Il est un point nodal.

Au cœur de cet espace incertain, les États cherchent à sécuriser leurs zones d'influence, à verrouiller leurs accès énergétiques, à préserver leurs architectures monétaires.

Un tel glissement est porteur de risques majeurs. Il banalise l'idée que la puissance peut s'affranchir du droit lorsque des intérêts stratégiques sont en jeu, et ancre une instabilité durable dans les relations internationales. Mais il esquisse, dans le même temps, des évolutions inédites porteuses à la fois de doutes et d'opportunités.

Le 20 janvier 2026, à Davos, prononçant un discours marquant, le premier ministre canadien Mark Carney, le décrit parfaitement : « *Si les grandes puissances renoncent même à faire semblant de respecter les règles et les valeurs pour exercer sans entrave leur pouvoir et défendre leurs intérêts, les avantages du « transactionnalisme » deviennent difficiles à reproduire. Les puissances hégémoniques ne peuvent pas monnayer indéfiniment leurs relations. Les alliés chercheront à se diversifier pour parer à l'incertitude. Ils auront recours à des mécanismes de protection. Ils multiplieront leurs options. Et cela leur permettra de réaffirmer leur souveraineté, autrefois fondée sur des règles, mais qui reposera de plus en plus sur leur capacité à résister aux influences extérieures* ».

Pour le Sud global, et pour l'Afrique en particulier, ce message est riche d'enseignements. Il rappelle, de fait, que la souveraineté économique, monétaire et financière n'est jamais dissociable de la souveraineté politique. Contester un ordre établi sans disposer des moyens de le négocier collectivement expose à des rapports de force asymétriques. À l'inverse, une approche coordonnée, fondée sur l'unité, la diversification des partenariats et la maîtrise des leviers stratégiques, peut permettre d'exister dans un monde où l'économie est redevenue un champ de bataille.

Au cœur de ce chaos, où la force génère l'imprévisible, où s'opère loin de toute harmonie la recomposition d'un monde incertain, le destin de l'Afrique, plus que jamais semble sujet à caution. Et pourtant…

Chapitre 2

Afrique méprisée, Afrique recomposée

Le regard occidental et la quête d'une doctrine africaine

« Pourquoi est-ce que toutes ces personnes issues de pays de merde (« shithole countries ») viennent ici ? ». Convoquant cette sémantique dont on le sait capable, Donald Trump fait allusion à plusieurs nations africaines qui, d'évidence, lui inspirent une considération relative. Dans le bureau Ovale, le président américain reçoit alors des sénateurs, lors d'une réunion consacrée à l'immigration. Nous sommes le 11 janvier 2018 et déjà, le ton est donné.

Historiquement, la relation entre les Etats-Unis et le continent africain a souvent fluctué, au gré des intérêts de chacun mais aussi des rapports de force géostratégiques qui impactent bien entendu ce continent. Les choses varient d'ailleurs selon les pays. Si, par exemple, le Sénégal apparaît comme un partenaire quasi-constant, le Soudan est passé d'allié indéfectible de l'Amérique pendant la guerre froide à ennemi identifié après avoir notamment accueilli Oussama ben Laden, avant qu'intervienne un nouveau rapprochement motivé à la fois par des enjeux économiques et de lutte contre le terrorisme.

Un constat s'impose : l'Afrique n'a jamais été au cœur des préoccupations des administrations américaines successives. De fait, il faudra attendre la décolonisation et la guerre froide pour voir les Etats-Unis préciser une véritable doctrine africaine jusqu'alors relativement floue. Celle-ci, on le voit, repose à l'origine sur la volonté claire de faire barrage à l'influence soviétique puis, dans un second temps, à développer des relations commerciales que symbolise la présence sur place des grandes majors pétrolières.

La situation va évoluer à travers la mise en place de programmes qui permettent alors de dépasser des relations strictement « opportunistes » : le « soft power » à l'américaine est à l'œuvre …

C'est notamment le cas avec l'AGOA (African Growth and Opportunity Act) inauguré par Bill Clinton en 1999. Cette loi commerciale est au cœur des relations américano-africaines. Son principe est simple : elle facilite l'exportation de près de sept mille produits de l'Afrique subsaharienne vers l'Amérique sans droits de douane, à condition que ces États respectent strictement un corpus de conditions, de l'État de droit au pluralisme politique en passant par la lutte contre la corruption ainsi qu'un engagement à tendre vers l'économie de marché.

Une trentaine de pays sur la cinquantaine que compte le continent sont concernés par cet accord, couvrant de nombreux secteurs, qu'il s'agisse du textile, de l'automobile, des métaux précieux, de produits agricoles ou de l'énergie.

On parle ici de chiffres considérables, aux alentours de 10 milliards d'exportations annuelles, soit un levier souvent essentiel à la dynamique économique des nations concernées. Or, en septembre 2025, l'AGOA arrive à échéance. Alors que Washington érige progressivement des barrières tarifaires contre ses concurrents industriels, il va adopter à l'égard de l'Afrique une position différente : non pas fermer son marché, mais en contrôler l'accès.

La relance annoncée de l'AGOA s'inscrit dans cette logique. Officiellement, il s'agit de maintenir un soutien actif au développement économique africain par un accès préférentiel confirmé au marché américain. En réalité, cette stratégie révèle une mutation plus profonde : les États-Unis ne considèrent plus (seulement) l'Afrique comme un territoire en quête d'aide ou d'assistance, mais comme un véritable espace stratégique dans la compétition mondiale.

L'AGOA ne se limite donc plus au statut d'instrument commercial, s'imposant désormais comme un levier géoéconomique.

À la différence des accords classiques de libre-échange, ce dispositif repose plus que jamais sur une conditionnalité politique : gouvernance, orientation économique, alignement diplomatique. Exporter vers les États-Unis implique d'intégrer un système de normes, de valeurs et de priorités géopolitiques.

Ainsi se dessine une évolution significative : la mondialisation n'est plus organisée uniquement autour des chaînes de production, mais autour de l'accès aux marchés finaux. Et dans ce nouveau schéma, les marchés deviennent clairement des instruments de puissance.

La politique commerciale américaine vis-à-vis de l'Afrique doit donc être lue à la lumière de sa rivalité avec la Chine. Pour Washington, l'objectif ne se résume pas à commercer avec le Continent, mais également à éviter que ce ne s'intègre durablement à une autre sphère économique.

À cette aune, on le dire : pour les Etats-Unis, l'AGOA est au moins autant une composante de sa politique concurrentielle avec la Chine que de sa relation avec l'Afrique.

L'Afrique entre ainsi dans une phase nouvelle de son histoire économique : celle où elle n'est plus seulement ciblée pour ses ressources, mais aussi pour l'orientation future de ses échanges. Derrière les préférences tarifaires se joue une question bien plus fondamentale : à quel système économique mondial le Continent sera-t-il rattaché ?

Et quelles seront ses marges de manœuvre, alors que sa dépendance aux choix stratégiques des acteurs les plus puissants, demeure considérable ?

Continuité

Car depuis l'installation de l'AGOA, d'autres programmes ont été lancés, raffermissant les liens avec les Etats-Unis : on pense notamment au MCA (*Millenium Challenge Account*) de George Bush visant à stimuler une croissance durable, au *Global Hunger and Food Security* lancé en 2009 par Barack

Obama, puis au *Prosper Africa*, initié par l'administration Trump afin d'accroître échanges commerciaux et investissements privés bilatéraux, tout en renforçant un climat favorable aux affaires. Cette même administration peut également se prévaloir d'une création notable, celle de l'agence *Development Finance Corporation*, dédiée aux projets de développement et censée contrer la force de frappe chinoise en matière de financement local.

Sur le quart de siècle écoulé, on observe donc bien une forme de continuité dans l'approche américaine, par-delà les alternances politiques.

De ce point de vue, l'engagement africain de « Trump 1 » est paradoxal. Son désintérêt pour le continent ressort à travers des statistiques édifiantes : en quatre ans, l'hôte de la Maison-Blanche n'aura effectué aucune visite officielle sur place, contre huit pour Bill Clinton, dix pour George Bush et six pour Obama.

Déjà adepte du bilatéralisme et des droits de douanes érigés au rang d'armes de négociation, il aura en outre affiché à maintes reprises sa volonté de revoir drastiquement à la baisse certains dispositifs (dans des champs aussi divers que la lutte contre le sida, les programmes éducatifs ou encore l'aide alimentaire).

Pour autant, son bilan à l'égard du continent africain n'apparaît pas aussi désastreux que pourrait le laisser imaginer le mépris constant du président américain à son endroit.

Entre 2016 et 2020, son administration – confrontée il est vrai, à la résistance incontournable du Congrès – aura tout de même maintenu un soutien significatif aux pays africains : en 2019, par exemple, 561,5 millions de dollars ont été consacrés au développement économique. Ce faisant, elle se sera inscrite dans le prolongement d'une voie singulière tenue par Washington au fil des années, visant à prohiber toute tonalité « néocoloniale » dans son dialogue officiel avec l'Afrique et à établir un contraste revendiqué avec la Russie et la Chine, concurrents très actifs et présentées comme des pays voraces, indifférents au développement des pays qu'ils cherchent à placer sous leur emprise. Si le « business » demeure, bien entendu, le véritable moteur de l'engagement américain, la relation se nourrit également de considérations stratégiques sur le plan sécuritaire. Depuis octobre 2008 et le lancement par le gouvernement Bush d'un commandement américain unifié pour l'Afrique (l'Africom), cette instance s'est avérée structurellement opérationnelle, coordonnant sur place les activités militaires et sécuritaires des Etats-Unis. Objectif prioritaire : lutter contre la menace terroriste, y compris en s'émancipant de toute dépendance pétrolière à l'égard du Moyen-Orient afin d'éviter l'éventuel financement indirect de certains groupes islamistes. Mais aussi structurer localement l'appareil de défense américain face aux rivaux russes ou chinois.

Là-encore, l'administration « Trump 1 » n'aura pas spectaculairement remis en cause la doctrine américaine perceptible au fil des années. On citera notamment le renforcement de l'assistance militaire octroyée à des pays comme le Kenya, le Mali ou le Niger ainsi que le partage accru d'informations sensibles par une intensification de la stratégie de renseignement.

Bref, dans une configuration politique où les contre-pouvoirs – et l'opposition démocrate – jouaient pleinement leur rôle, l'actuel président américain n'aura pu laisser sa vision dogmatique imprégner la terre africaine autant, sans doute, qu'il l'aurait souhaité.

Seulement voilà, idéologiquement, Donald Trump n'a pas changé, animé par une ferme détermination : faire aboutir au cours de son second mandat ce qui n'avait pu (totalement) s'accomplir lors du premier.

Dit autrement, après « Trump 1 », il y a « Trump 2 » …

Trump 2

Présentées comme un succès éblouissant par un Donald Trump jamais avare de superlatifs lorsqu'il s'agit de commenter ses propres actes, les élections législatives du 5 novembre 2024 donnent en réalité aux Républicains une majorité réduite au Congrès : 220 sièges sur 435 à la Chambre des représentants et 53 sièges sur 100 au Sénat. Réduite mais effective ce qui, de fait, dissuade la moindre velléité autonomiste dans les rangs du *Grand Old Party*.

Le président réélu dispose donc d'une marge de manœuvre réelle, faisant face à des démocrates impavides qui, dans les mois suivant le lancement de son second mandat ont semblé tétanisés par le rouleau compresseur venu de la Maison-Blanche.

D'un point de vue programmatique, Donald Trump s'appuie, on l'a vu – et quoi qu'il s'en défende – sur le *Project 2025* : si le candidat à la fonction suprême a totalement ignoré l'Afrique dans son projet de campagne, il dispose ici d'une « bible » qui, pour le coup, déroule quelques convictions très affutées quant à la stratégie à privilégier à l'égard du Continent. Et l'homme de Mar-a-Lago ne va pas manquer de s'y référer.

Officiellement, il s'efforce de mettre en scène son soi-disant « réengagement » avec le continent africain, ce à quoi répond l'organisation, à Washington, d'un sommet auquel sont conviés cinq chefs d'État africains, du 9 au 11 juillet 2025. Au menu des discussions, les opportunités économiques, en particulier dans le secteur des minéraux, ainsi que la sécurité régionale. Les heureux élus n'ont pas été choisis au hasard : Gabon, Guinée-Bissau, Libéria, Mauritanie et Sénégal apparaissent, aux yeux de l'administration américaines, comme autant de pays dont le potentiel économique, la stabilité politique et le crédit diplomatique les désignent naturellement.

Sans surprise, le président américain réaffirme sa volonté de densifier les partenariats stratégiques et d'intensifier la lutte contre les groupes extrémistes.

La « trace » recherchée, par-delà ce pragmatisme sans filtre qui caractérise toujours Donald Trump, est donc bien celle de liens renforcés dans la relation américano-africaine. Dans les faits, ce n'est pourtant pas ce que retiendront principalement les observateurs. D'abord, le décorum : cinq dirigeants africains faisant face au maître des lieux et sommés – en faisant court bien entendu – de décliner leur nom et celui de leur pays, sous le regard des caméras.

Et puis cette scène lunaire quand l'hôte de la Maison Blanche complimente le président libérien, Joseph Boakai, pour son excellent niveau d'anglais. Ce dernier a étudié à l'université du Liberia à Monrovia ainsi... qu'aux Etats-Unis, à l'université d'État du Kansas. Faut-il ajouter que l'anglais est la langue officielle de son pays ? …

Moment embarrassant qui demeurerait anecdotique s'il ne confirmait le désintérêt persistant de Donald Trump pour ce Continent qu'il connaît si mal parce qu'il n'a jamais éprouvé l'envie de le connaître. Dès lors, comment s'étonner du traitement qu'il lui applique ?

Dès janvier 2025, il annonce retirer son pays de l'Accord de Paris sur le climat (adopté en 2015 lors de la COP 21). Cette décision ne surprend guère puisque le leader républicain l'avait déjà mise en application durant son premier mandat.

Elle n'en demeure pas moins très lourde de conséquences pour l'Afrique, particulièrement vulnérable aux effets du changement climatique et victime collatérale des plus gros pollueurs de la planète, à la tête desquels on trouve … la Chine et les Etats-Unis.

Mais les auteurs du *Project* 2025 n'en ont cure, pas plus que l'hôte de la Maison-Blanche. Le constat s'applique à d'autres orientations qui structurent la nouvelle doctrine américaine en direction de l'Afrique. Sur le plan militaire, le parti-pris dominant est bien de privilégier des rapports ciblés avec des pays jugés suffisamment fiables auxquels on va d'ailleurs pouvoir éventuellement « sous-traiter » certaines opérations, en particulier face aux menaces terroristes susceptibles de peser sur les intérêts américains : l'art de lier désengagement et pragmatisme … De surcroît, les auteurs du *Project 2025* prônent la reconnaissance de la province du Somaliland comme État souverain : l'objectif – quitte à déstabiliser le continent en brutalisant le principe d'intangibilité des frontières – est bien entendu de résister à l'expansion chinoise en Afrique de l'Est mais aussi d'y installer, possiblement, une nouvelle base militaire.

Bien entendu, l'Afrique n'échappe pas à la hausse des droits de douane instaurée par la Maison Blanche et qui frappe n'importe quel pays affichant un surplus commercial avec les Etats-Unis.

C'est le cas du royaume du Lesotho, dont Donald Trump estimait pourtant, peu de temps auparavant, que nul n'en « *n'a jamais entendu parler* » ... Exportateur de textile à destination de l'Amérique, ce pays est brutalement assommé par des tarifs à l'import fixés à … 50%.

Plus globalement, l'Afrique de l'Est et l'Afrique du Sud (qui exporte en particulier des composants automobiles) pâtissent de cette guerre économique déclenchée depuis le bureau Ovale, avec des conséquences potentiellement terribles. Non seulement parce qu'elle touche des pays dont la dette est souvent extrêmement élevée, mais aussi parce qu'elle fragilise un peu plus l'acte même d'investissement en faveur d'économies qui en ont pourtant besoin.

C'est en matière d'aide humanitaire que l'administration Trump pousse le plus loin sa propre logique, assimilant à une forme de gabegie, les financements américains qui n'auraient pas servi à endiguer la pauvreté, la corruption ou le terrorisme. Vision étriquée qu'influence surtout un rapport obsessionnel à l'immigration, dont l'Afrique est perçue comme une source à endiguer. Le 17 avril 2025, recevant la première ministre italienne en visite officielle, le président américain en livre une illustration édifiante : *"Ils ont libéré des prisons, Giorgia, dans le monde entier. Et pas seulement en Amérique du Sud, mais aussi en Afrique : le Congo. Beaucoup de gens viennent du Congo. Je ne sais pas pourquoi, mais ils sont venus".*

Quand l'arbitraire sert à justifier une politique aux effets délétères …

En effet, à défaut de reposer sur le moindre fondement, le raisonnement a le mérite d'être simple : puisque le soutien au développement a échoué, favorisant même des migrations illégales forcément « massives », autant remettre en cause le soutien au développement …

Organisation criminelle

Le budget que Donald Trump dévoile le 2 mai fait un sort sans précédent aux dépenses publiques : 22% d'entre elles (non-militaires) passent à la trappe, soit 163 milliards de dollars. L'Afrique paye un lourd tribut à cette logique austéritaire, plusieurs programmes voyant leur financement diminuer drastiquement ou tout simplement disparaître.

Ainsi, Washington annonce la suppression de ses subventions au Fonds africain de développement, guichet concessionnel de la première institution du continent, la Banque africaine de développement (BAD). On parle pourtant d'un programme de plus de 500 millions de dollars, qui permet aux pays africains de bénéficier de prêts à des taux d'intérêt inférieurs à ceux du marché. Dans le même temps, on observe toutefois que l'Association internationale de développement (IDA) – le fonds de la Banque mondiale dédié aux pays à faibles revenus – échappe aux foudres trumpiennes et bénéficie d'une aide de 3,2 milliards de dollars. Une telle articulation n'est pas anodine et confirme la volonté américaine de privilégier désormais des interlocuteurs plus facilement « contrôlables », quitte à remettre en cause quarante ans de coopération.

Autre victime de cette implacable rationalisation des dépenses fédérales, le Millennium Challenge Corporation (MCC). Cet acteur emblématique de la diplomatie économique américaine finançait de nombreux projets d'infrastructure dans des pays en développement, l'Afrique en étant l'un des principaux bénéficiaires. Avec une brutalité assumée, consigne est donnée de mettre immédiatement à l'arrêt une vingtaine de projets en cours, dans des domaines aussi cruciaux que l'agriculture, l'éducation, l'irrigation ou encore l'accès à l'électricité.

Des pays comme le Sénégal, la Mauritanie ou la Côte d'Ivoire sont directement impactés, par la volonté toute puissante du DOGE, Département de l'efficacité gouvernementale (!), que dirige alors Elon Musk.

Le patron de Tesla confirme ici une conception toute personnelle de l'aide au développement. Il qualifie par exemple l'USAID (United States Agency for International Development) « *d'organisation criminelle* » qu'il conviendrait de « *passer à la broyeuse* ».

Donald Trump n'est pas en reste, estimant que le plus grand bailleur de fonds humanitaires au monde, serait dirigé par des « *fous radicaux* » : il s'attaque donc brutalement à l'USAID, infligeant à son budget (de près de 43 milliards de dollars) une quasi-division par cinq, avec, à la clé, environ 85% de ses programmes purement et simplement annulés. Sans davantage de fioritures, de nombreux employés de l'agence (qui en compte près de 15 000 dans le monde) sont informés par courrier électronique qu'ils peuvent rester à la maison. Ainsi est tragiquement démantelée une entité fondée en 1961 par John Kennedy, et qui assurait 42% de l'aide aux plus démunis sur la scène internationale.

Là-encore, c'est l'Afrique qui, de la manière la plus lourde, subit les effets d'une telle décision. Éthiopie, RDC, Kenya, Mozambique, Somalie ou Soudan, principaux bénéficiaires de l'USAID sur le continent, voient s'interrompre de nombreux dispositifs pourtant vitaux. Sécurité alimentaire et accès à l'eau potable, lutte contre le VIH ou le paludisme, distribution de vaccins et de médicaments, aide aux réfugiés, sont en effet directement concernés. Pour de nombreuses ONG, l'annonce est vécue comme purement dramatique, « l'America First », chère à l'hôte de la Maison Blanche, menaçant ici la survie de centaines de milliers de personnes.

Le retrait américain de l'Organisation Mondiale de la Santé (OMS) conduit au même constat. En supprimant leur contribution statutaire au budget de cet acteur majeur de la détection sanitaire mondiale, les Etats-Unis le contraignent à revoir ses projets à la baisse et à réduire ses effectifs. Ce faisant, c'est la prévention des épidémies qui perd un levier décisif, en particulier sur le Continent.

La diffusion très rapide du virus Ébola en offre une illustration tragique, touchant en particulier l'est de la RDC. Face à ce véritable fléau sanitaire, les coupes massives intervenues dans l'aide américaine impactent lourdement l'action des acteurs engagés sur le terrain : réduction du nombre d'équipes mobilisées, dégradation de l'information des populations sur place, suivi insuffisant des cas contacts, ralentissement des mécanismes d'alerte précoce, c'est toute la chaine de surveillance et de gestion épidémiologique qui se trouve redoutablement fragilisée, ce qui se chiffre en centaines de vies humaines.

Seule réaction de l'administration américaine à ce drame absolu : celle-ci va chercher à externaliser loin de son territoire (au Kenya notamment), l'ensemble des soins dispensés aux ressortissants états-uniens testés positifs au virus. Quand le cynisme s'ajoute au désengagement …

Reste que la nouvelle doctrine américaine atteint également de plein fouet les droits des femmes, des jeunes filles ou des minorités de genre : en remettant brutalement en cause le financement de nombreux programmes dédiés, elle confirme que le levier idéologique est ici omni-central, quelles qu'en soient les conséquences sociales et humanitaires.

L'indifférence glacialement affichée par l'Oncle Sam à l'égard des pays africains se traduit, dans le même temps, par son désengagement diplomatique sur place. Ainsi, en avril 2025, le New York Times évoque un projet de décret présidentiel réorganisant en profondeur le département d'État américain.

Concrètement, la fermeture de nombreuses représentations et consulats (Gambie, Érythrée, Soudan, Cameroun, Afrique du Sud …) y serait programmée. Le document précise en outre que les différentes formalités assurées jusqu'alors par les ambassades concernées (délivrer un visa, par exemple …) seraient désormais prises en charge par les pays voisins. Manière, sans doute, de limiter un peu plus ces flux migratoires perçus comme autant de menaces par l'administration américaine.

Les faits confirment un tel mouvement : en mai 2026, quinze mois après le retour à la Maison-Blanche de Donald Trump, trente-sept ambassadeurs sur cinquante et un n'avaient toujours pas été nommés ! Fait sans précédent, ô combien révélateur du statut étriqué que l'homme d'affaire attribue à ses interlocuteurs africains …

Pétrifiés

L'offensive trumpienne semble pétrifier la plupart des dirigeants africains qui, dans la grande majorité des cas, demeurent silencieux.

Certes, l'Afrique du Sud, le Nigéria ou le Kenya en appellent à l'OMC, rappelant que toutes les nations sont censées respecter les règles du commerce international. Mais beaucoup retiennent surtout la rupture de l'axe américano-européen et semblent s'en accommoder sans la moindre difficulté. Dans les milieux intellectuels africains, domine en effet un parti-pris pro-Poutine ou pro-Trump que partagent souvent les sphères du pouvoir, séduits (ou confortés) par la logique autoritaire qui motive ces deux leaders.

Une hostilité post-coloniale persistante explique largement une telle perception. L'animosité à l'égard des anciennes puissances impérialistes reste forte. Soixante ans après les indépendances, la plaie n'est pas totalement refermée, même s'il est clair qu'une vraie vision stratégique ne saurait se limiter à dénoncer une dépendance passée pour s'engager à la légère sur la voie d'une autre dépendance.

De ce point de vue, la réaction du président rwandais, Paul Kagame, à l'élection de Donald Trump, est particulièrement révélatrice. Engagé depuis plusieurs années dans une vaste et méticuleuse entreprise de pillage du voisin congolais (on y reviendra), celui-ci voit dans le retour du milliardaire américain une possible opportunité. Souverainiste, expert es rapports de force et adepte des relations bilatérales, le nouvel hôte de la Maison Blanche n'a pas d'états d'âme : dès lors qu'il y voit un intérêt commercial ou territorial, il assume volontiers le dialogue, sans nécessairement exiger de son interlocuteur un respect scrupuleux du droit international ou une gouvernance domestique exemplaire.

Le président rwandais n'hésite donc pas à convoquer les vocables les plus enflammés pour saluer le succès électoral de son « ami » : « *Votre message clair a toujours été que les Etats-Unis devraient être un partenaire de choix, invitant les autres à prendre exemple sur eux plutôt que de les contraindre à suivre un modèle unique. J'espère donc travailler avec vous pour les intérêts communs de nos deux pays dans les années à venir* ».

Dans cette posture où se mêlent allégeance et proximité idéologique supposée, on voit se dessiner le pari politique de Kigali

: construire un lien privilégié avec Washington – notamment en aidant la nouvelle administration américaine dans sa volonté de faire obstacle à l'expansion de la Chine et de la Russie en Afrique – en contrepartie d'une magnanimité du nouveau pouvoir américain.

Est-ce crédible ?

Le salut, pour l'Afrique, résiderait-il dans le cautionnement de jeux de dupes qui conduisent, presque toujours, à servir d'abord les intérêts de l'autre ?

Un fait est clair : la nouvelle donne internationale, qu'intensifie la tempête chaotique venue des Etats-Unis, appelle de nouvelles réponses mais redéfinit aussi le champ du possible.

Ne pas l'admettre serait désespérant.

Ne pas agir serait coupable.

Le cours de l'Histoire s'accélère.

Des tensions naissent, des espaces se font jour alors que résonne le son puissant de frottements inédits dans le paysage du monde global : comprendre, impérativement, cet inédit, cette tectonique des pôles …

Chapitre 3

Tectonique des pôles de puissance

L'émergence du Sud global, Bandung et le basculement multipolaire

« *Le monde ne saurait changer de face sans qu'il y ait douleur* » … L'Histoire est faite de bouleversements qui, toujours, charrient leur lot de conflits et de tensions. Chateaubriand, visionnaire, pressent-il, déjà, l'emballement annoncé de rapports de force toujours plus intenses, sur la scène internationale ? La mondialisation n'est pas un fleuve tranquille : ce qui la caractérise, ce sont des périodes successives et contrastées, parfois riches d'évolutions notables, parfois en rémission. Un fait est clair : l'Afrique n'a jamais tiré le plein profit de la promesse intimement associée à l'idée même de globalisation, celle d'un essor partagé et fondé sur un dialogue et sur des échanges mutuellement féconds.

On peut estimer que la mondialisation naît véritablement au XIXème siècle, avec la révolution industrielle et ses avancées technologiques (nul n'a oublié ses cours d'écolier sur les effets de la machine à vapeur …), la montée en puissance de la finance, les grands flux migratoires et, par-là même, la réalité concurrentielle qui s'établit entre les nations. Mais ce siècle est aussi celui de l'expansion coloniale. Plusieurs puissances européennes dominent la planète, se déploient sur le plan commercial et construisent des empires en colonisant l'Asie et l'Afrique.

Dans ce contexte, le Royaume-Uni exerce une influence particulière, à la fois intellectuelle et économique. Car la colonisation prétend non seulement « exporter la civilisation » en convertissant les peuples autochtones aux lois, croyances et valeurs que partagent les dominants, mais aussi à faire main basse sur les matières premières et, prenant appui sur des moyens de transports toujours plus efficaces, à rechercher de nouveaux débouchés et sources d'approvisionnement.

Face à l'omnipotence européenne – et singulièrement britannique, donc – la jeune économie américaine demeure fragile. Dès 1791, les Etats-Unis ont opté pour une stratégie résolument protectionniste, suivant l'impulsion du secrétaire au Trésor, Alexander Hamilton. Sceptique sur les vertus réelles du libre-échange, celui-ci soumet au Congrès son rapport sur les manufactures : il préconise le soutien à une industrie encore embryonnaire, par le recours aux subventions et aux droits de douane. L'idée, grâce aux revenus générés ainsi qu'à un dispositif de financement garanti par une banque nationale, est de protéger « l'équilibre du commerce ». Dès lors, tout au long du XIXème siècle et jusqu'à la fin de la deuxième guerre mondiale, le pays de l'Oncle Sam va privilégier l'essor de son marché domestique.

Rétrospectivement, on peut affirmer que Donald Trump apparaît bien comme l'héritier politique de ce courant, tentant d'appliquer, deux siècles et demi plus tard, certaines des « recettes » éprouvées à l'époque. La singularité contemporaine d'un monde devenu multipolaire laisse toutefois dubitatif quant à la pertinence d'un tel choix : retour aux sources ou anachronisme ? La question est clairement posée. Elle l'est d'autant plus que, dès la paix revenue, les Etats-Unis s'emploient à libéraliser les échanges internationaux, contribuant ainsi à relancer les économies européennes et à affirmer leur propre leadership. Leur marché interne devenu trop exigu, ils ont tout intérêt à élargir leur « espace vital ».

La conférence de Bretton Woods et le GATT (*General Agreements on Tariffs and Trade*), lancé dès 1948, en offrent l'illustration.

Ils traduisent aussi le basculement du monde dans une nouvelle ère, l'opposition soviétique à la volonté hégémonique américaine contribuant à l'installation de deux blocs, capitaliste d'un côté, communiste de l'autre. Le XIXème siècle est mort et, à compter de cette phase, les relations internationales se lisent à l'aune d'une compétition politique, idéologique et économique féroce entre ces puissances antagonistes.

Pourtant, c'est au cœur de cette redéfinition des rapports de force planétaires que des nations, refusant de « choisir leur camp », s'efforcent d'affirmer leur propre poids. La décolonisation traduit ici une autre rupture en même temps qu'elle complexifie la carte géopolitique mondiale.

Coup de tonnerre

Avril 1955. La conférence de Bandung rassemble les chefs de gouvernement de vingt-neuf pays d'Afrique et d'Asie, dont la plupart viennent de s'émanciper (quinze pays d'Asie, neuf pays du Moyen-Orient et cinq pays africains). Ce rendez-vous inédit, l'écrivain Léopold Sédar Senghor n'hésitera pas à le qualifier de « *plus grand coup de tonnerre dans l'histoire depuis la Renaissance* ».

L'événement est effectivement majeur : il ne fait pas qu'inaugurer le processus de décolonisation, il annonce aussi l'entrée des nations ex-colonisées dans le concert international, réunissant l'équivalent de 1,5 milliard de femmes et d'hommes.

Monté à la tribune pour ouvrir cette conférence, Sukarno, président de la République d'Indonésie (le pays hôte), appelle à l'unité afro-asiatique et tient des propos qui, soixante-dix ans plus tard, résonnent d'une tonalité particulière : « *Oui, il y a de la diversité parmi nous. (...) Presque toutes les croyances politiques sont représentées ici – démocratie, monarchisme, théocratie et leurs innombrables variantes. Et pratiquement chaque doctrine économique a son représentant dans cette salle – marhaenisme, socialisme, capitalisme, communisme, communisme, dans leurs variations et combinaisons infinies. Mais quel mal y aurait-il à la diversité, à partir du moment où il y a une unité dans le désir ? (...) Ce n'est pas une réunion de peuples d'origine malaise, arabe ou indo-aryenne. (...) Il s'agit plutôt d'un groupe d'opinion éclairée, tolérante, qui cherche à faire comprendre au monde que tous les hommes et tous les pays ont leur place sur cette planète* ».

Un communiqué final prolonge un tel propos, proclamant le droit des peuples à disposer d'eux-mêmes et condamnant le colonialisme et l'apartheid. Ce texte appelle également à la coopération économique et culturelle entre tous les pays participants ; il tire en outre l'alarme face aux tensions entre les blocs américain et soviétique et prône le désarmement et l'interdiction de l'arme nucléaire. Au cœur de la guerre froide, l'événement est suivi avec beaucoup d'attention par les démocraties occidentales, inquiètes de voir cette force hétérogène mais mobilisée, se rallier à Moscou. Ce ne sera pas le cas, le premier ministre indien Nehru, dessinant plutôt une « troisième voie » située délibérément à distance de la confrontation Est-Ouest : son appel au neutralisme rencontrera d'ailleurs un écho significatif auprès de nombreux chefs d'État présents.

Pour beaucoup d'analystes, Bandung rebat radicalement les cartes de la diplomatie mondiale et célèbre la refonte des rapports économiques entre les États riches et ceux du Tiers monde. Le bilan est sans doute plus paradoxal. Certes, l'émergence d'un marché international offrant une place aux pays pauvres fait naître un légitime espoir.

Bandung va également ouvrir la voie à de nombreuses initiatives, celle des BRICS notamment, lancée plus de cinquante ans après. On pense aussi aux « Non-alignés » qui, dès 1961, affichent leur refus d'être réduits à l'état de vassaux ou de sous-traitants du monde occidental. Notons que la Chine demeure à l'écart de ce mouvement : elle n'adhérera pas davantage à la critique que les « non-alignés » adresseront plus tard à la mondialisation … Si Bandung annonce à la fois la multipolarité, l'indépendance reconquise par de nombreux acteurs ainsi que l'affirmation de solidarités nouvelles, elle révèle également des disparités déjà fortes entre les participants, esquissant les trajectoires distinctes qui en découleront.

Tirant le fil, on peut même estimer qu'à Bandung, sont posées les bases politiques du scénario qui, au fil des décennies, favorisera l'accession de l'Inde ou de la Chine au statut de puissances mondiales.

Si l'Afrique ne fait pas partie de ces nouveaux poids lourds, elle revendique son droit à maîtriser son propre destin. Pas totalement acteurs, plus exclusivement spectateurs, les pays africains devraient-ils, quelques décennies plus tard, inscrire leur avenir dans un cadre nouveau appelé « Sud Global » ?

Sud Global … Le concept est né dans les sphères académiques anglo-saxonnes à la fin du XXème siècle, se substituant aux « Tiers monde » ou « pays en voie de développement » devenus moins pertinents. Dans une tribune publiée en février 2025 dans l'hebdomadaire *Le Point*, l'ancien premier ministre français, Alain Juppé, en donne une définition somme toute radicale : « *Un agrégat disparate de pays qui n'ont en commun que la détestation de ce que nous sommes* ».

Si, comme on l'a vu, les effets de la colonisation n'ont pas toujours été digérés, nourrissant un sentiment où se mêlent défiance et amertume, assimiler la démarche des pays du Sud Global à une dynamique strictement hostile, semble toutefois réducteur.

Le « Sud Global » rassemble, certes, des nations révélant finalement très peu de points communs. Il convient toutefois de le considérer comme l'expression collective d'une aspiration : reconfigurer l'ordre mondial en assumant à la fois davantage de multipolarité et d'équité dans les impacts économiques de la mondialisation.

En janvier 2023, l'Inde est à l'initiative d'un sommet international virtuel, « The Voice of Global South », ce qui conduit son premier ministre, Narendra Modi, à préciser les intentions de ce collectif : « *Nous, le Sud Global, avons les plus gros enjeux pour l'avenir. Les trois quarts de l'humanité vivent dans nos pays. Nous devrions avoir une voix dans les mêmes proportions. Aussi, alors que le modèle de gouvernance mondiale vieux de huit décennies, change lentement, nous devrions essayer de façonner l'ordre qui est en train d'émerger* ».

On le voit : face à l'impérialisme américain et aux anciennes puissances coloniales européenne, il s'agit bien d'affirmer sa propre légitimité en remettant en cause la suprématie occidentale. Plus qu'un affrontement nord-sud, une telle approche vise plutôt à favoriser l'émergence d'un paysage mondial caractérisé par des combinaisons d'alliances accrues et diversifiées, dans le cadre d'une diplomatie élargie.

La chute du Mur de Berlin, loin d'asseoir la domination exclusive des Etats-Unis, a surtout marqué un changement de paradigme décisif : désormais, il ne serait plus nécessaire de bénéficier de la « protection » d'une superpuissance, chaque État, pouvant, au gré des opportunités, déterminer la pertinence de ses rapprochements diplomatiques. Une telle reconfiguration affirme le rôle et l'influence grandissants de nouvelles puissances régionales. Elle génère en outre des comportements qui défient les références héritées d'un monde (déjà) dépassé : celui dans lequel la tutelle occidentale imposait les priorités géopolitiques et les prises de position censées en découler.

Plus qu'un « espace », au sens homogène du terme, le Sud Global devrait donc davantage se lire comme une force apte à élargir le champ du possible, pour des pays libérés d'une « obligation d'assujettissement » à un camp.

Chacun peut mesurer le choc culturel qu'une redéfinition à ce point considérable provoque au sein du monde occidental. On y voit une remise en cause de l'ordre établi, forcément menaçante. La déstabilisation est d'autant plus forte qu'une telle évolution aboutit à des positionnements inédits au niveau des instances internationales.

Ainsi, la guerre en Ukraine a mis en lumière cette indépendance affichée par de nombreux pays du Sud Global, libres d'assumer une lecture du monde en décalage avec celle de l'Europe ou des Etats-Unis.

Plusieurs votes émis à l'ONU en 2022 ou en 2023 ont révélé non pas une position compacte du Sud, mais à tout le moins, une distance revendiquée avec la position occidentale à l'encontre de la Russie.

Des abstentions (dans l'écrasante majorité des cas) qui ont pu choquer en particulier les Européens – directement confrontés à la menace de Moscou – mais qui visaient sans doute à rappeler aux pays du Nord leurs propres agissements historiquement impérialistes. Manière de dire, aussi, que si le conflit ukrainien est majeur, d'autres points de tension à travers le globe, auraient mérité (ou mériteraient) une mobilisation internationale aussi soutenue.

On assiste bien à une remise en cause de ce qu'on pourrait appeler « l'ethnocentrisme occidental » à travers des postures nouvelles, pas nécessairement systématiques, mais toujours motivées par la même volonté d'afficher son propre regard sur la marche du monde. On pourrait appliquer le même constat à la pandémie de Covid-19 où, là-aussi, l'enjeu d'un accès équitable aux vaccins a conduit à des revendications en faveur d'une distribution plus juste et plus solidaire à l'échelle planétaire.

Opportunité

Si le Sud Global constitue une opportunité pour l'Afrique, en promettant – théoriquement – des relations moins asymétriques, la question est de savoir si, dans les faits, cette promesse est totalement tenue.

En 2023, lors du Sommet des BRICS, à Johannesburg, les dirigeants des pays membres avaient validé une « feuille de route » particulièrement ambitieuse. Ils y affichaient leur volonté de renforcer leur coopération avec les nations africaines, dans le cadre d'un « partenariat d'égal à égal pour une croissance mutuellement accélérée, un développement durable et un multilatéralisme inclusif ».

Ce postulat traduit un engagement politique clair : offrir à l'Afrique une interaction inédite avec des pays vierges de tout héritage colonial et qui ont fait face, hier, aux mêmes défis économiques que ceux qu'elle affronte aujourd'hui.

Une telle dynamique peut évidemment ouvrir des perspectives en termes de transferts technologiques adaptés à des contextes de ressources limitées, que l'on parle ici de solutions innovantes appliquées à l'agriculture durable, aux énergies renouvelables ou à des outils digitaux pédagogiques, stimulant l'accès à l'éducation. Dans l'absolu, ce paysage économico-diplomatique renouvelé pourrait également conduire à une mutualisation accrue des ressources ainsi qu'à une meilleure coordination de certains projets, qu'on parle, par exemple, de sécurité alimentaire, de voies de communication ou de transition climatique. Créer les conditions d'une spirale ainsi vertueuse contribuerait en outre à atténuer les risques associés aux fluctuations économiques internationales ou aux tensions géopolitiques.

De ce point de vue, la NBD (« Nouvelle Banque de développement », anciennement « Banque des

BRICS » créée en 2014 afin de renforcer la coopération financière entre les pays émergents), soutient d'ores et déjà des projets d'infrastructures (énergies renouvelables, routes, voies ferroviaires, réseaux d'acheminement du gaz…) dans plusieurs pays africains.

Reste que celle-ci dispose de moyens relativement circonscrits : son capital initial, d'environ 50 milliards de dollars paraît bien modeste comparé aux ressources du FMI, supérieures à 1000 milliards …

Surtout, si contrairement aux institutions financières classiques, la NBD se caractérise par une absence de conditionnalités dans les prêts qu'elle octroie, ce parti-pris, a priori avantageux pour nombre de pays pauvres, révèle aussi des effets pervers, octroyant de fait une évidente « marge de manœuvre » à des gouvernants peu scrupuleux – voire franchement corrompus – et dont les pratiques peuvent se trouver ainsi confortées. Encourager le développement économique est nécessaire et passe assurément par davantage de souplesse et d'adaptabilité aux réalités financières et bancaires locales, ce que les bailleurs occidentaux n'ont que rarement appliqué, sourds aux enjeux réels des États africains. Pour autant, l'absence de garde-fous peut constituer une formidable aubaine pour certains pouvoirs, prompts à utiliser ces aides à leur guise, aux dépens de l'intérêt général.

Comment le nier ? On touche là aux vraies limites du modèle.

Certes, le Sud Global a fait la démonstration d'une influence diplomatique désormais actée : c'est en Turquie que se rencontrent les délégations russe et ukrainienne, même si le débouché de ce « sommet » demeure modeste ; c'est au Qatar qu'est rétabli le dialogue entre la RDC et le Rwanda (mars 2025) dans le cadre d'une « réunion trilatérale » visant à « apaiser la situation dans l'est de la

République Démocratique du Congo » selon les termes du communiqué dédié.

Et sur le plan économique, des rendez-vous réguliers rythment une dynamique désormais soutenue, tel ce sommet de Casablanca organisé en septembre 2025 : convié à une table-ronde dédié aux investissements entre la Centrafrique et le Maroc, j'ai développé à cette occasion les perspectives prometteuses associées à une coopération sud-sud.

Mais sans naïveté.

Car le Sud Global ne désignera jamais une force politiquement ou culturellement homogène. A l'inverse, il est traversé par de fortes rivalités en son sein, à commencer, bien entendu, par la relation structurellement complexe entre la Chine et l'Inde.

Dit autrement, le Sud n'a de global que le nom : ses membres n'ont pas tiré de façon égale les bénéfices d'une montée en puissance économique par ailleurs indéniable.

C'est bien l'Asie qui apparaît comme le pôle incontournable de l'époque en marche : représentant 60% de la population planétaire, elle devance aujourd'hui les Etats-Unis et l'Europe en termes de force commerciale.

Dès lors, le risque pour l'Afrique est évident : dans le monde multipolaire qui s'affirme, voir une dépendance remplacer une autre dépendance. Et pâtir de l'émergence de nouveaux impérialismes, aussi voraces qu'antagonistes. Car, souvenons-nous de Cheikh Anta Diop, pour qui « *l'impérialisme, tel le chasseur de la préhistoire, tue d'abord spirituellement et culturellement l'être, avant de chercher à l'éliminer physiquement* ».

En attendant, par-delà les grands-messes solidaires ou les valeurs qu'on ne manque jamais de convoquer, le Continent demeure – dans une large mesure – un acteur secondaire et soumis à des échanges déséquilibrés avec des pays censés soutenir son développement. Là où l'Afrique exporte essentiellement des matières premières (minerais, pétrole, gaz ...), elle importe majoritairement des produits manufacturés, ce qui ne peut que freiner toute perspective d'essor, en particulier sur le plan industriel. Reproduire demain avec « le Sud », le rapport de domination légitimement décrié avec « le Nord » ? La question est provocante mais repose malheureusement sur des faits tangibles.

Le cas russe est parlant : en quelques années, ce pays est parvenu à s'imposer comme un acteur incontournable du continent africain, au détriment des Occidentaux. En Centrafrique, la milice Wagner est venue en soutien des forces armées locales afin de reprendre les nombreuses zones du territoire tombées aux mains des rebelles.

Ce faisant, exploitant un sentiment anti-français très répandu, elle poussait vers la sortie le contingent de militaires tricolores encore présent sur place : scénario implacable également en œuvre dans d'autres États africains comme le Niger ou le Burkina Faso. Le groupe paramilitaire a en effet investi les pays du Sahel où, au nom du combat sécuritaire contre les djihadistes, il s'est souvent livré au pillage et à des exactions à l'égard des populations civiles, révélant sa nature à la fois brutale et résolument prédatrice. À partir de 2023, c'est l'Africa Corps qui succède à Wagner, dont le chef, Evgueni Prigojine, a vraisemblablement été éliminé après sa rupture avec le Maître du Kremlin. Placé sous le contrôle direct de l'État, cette nouvelle organisation assume la même mission : défendre les intérêts de Moscou en Afrique, tout en prétendant – officiellement – œuvrer au service de la souveraineté des pays où elle intervient. Dans les faits, l'essor économique de l'Afrique est aux antipodes des préoccupations russes.

Celles-ci visent un double objectif : politique, en y affermissant ses positions aux dépens des puissances occidentales, et économique en y vendant des armes tout en faisant souvent main basse sur les ressources minières.

En tout état de cause, on le voit, la relation russo-africaine s'avère clairement déséquilibrée.

Taïwan : autre ligne de fracture du système international

À plusieurs milliers de kilomètres, une autre ligne de tension structure l'équilibre stratégique mondial : le détroit de Taïwan.

Les forces armées chinoises y déploient régulièrement des manœuvres aériennes et navales très importantes. Sont mobilisés plusieurs dizaines d'avions militaires chinois et des bâtiments de guerre, certains n'hésitant pas à franchir la ligne médiane qui sépare les deux rives.

Depuis plusieurs années, Pékin multiplie ainsi les démonstrations de puissance militaire autour de Taïwan. Ces manœuvres incluent désormais des simulations de blocus maritime, des exercices de frappe contre des cibles navales ainsi que la mobilisation conjointe des forces aériennes, navales et de missiles. Pour la Chine, ces opérations remplissent plusieurs fonctions stratégiques. D'abord, dissuader toute proclamation formelle d'indépendance de Taïwan : Pékin considère l'île comme une province qui doit être réunifiée, par la force si nécessaire.

Ensuite, elles cherchent à tester les réactions internationales, notamment celles des États-Unis et de leurs alliés asiatiques. Le détroit de Taïwan constitue l'un des principaux points de friction de la rivalité sino-américaine.

De ce point de vue, la visite chinoise de Donal Trump en mai 2026 aura confirmé à la fois la fermeté de Pékin sur ce sujet ultra-sensible et sa capacité à être entendue par Washington. De retour aux Etats-Unis, le président américain déclare en effet, sur la chaine Fox News : *« Je n'ai pas envie que quelqu'un déclare l'indépendance et, vous savez, nous sommes ensuite censés faire 15 000 kilomètres pour faire la guerre ».*

« L'allié » taiwanais devra se le tenir pour dit…

Prise de position attentiste qui, de fait, autorise l'armée chinoise à se préparer progressivement à différents scénarios militaires : pression permanente, blocus maritime ou, dans le cas extrême, opération de réunification forcée.

Taïwan occupe il est vrai, une position stratégique exceptionnelle, se situant au cœur de la première chaîne d'îles du Pacifique, qui encadre l'accès de la marine chinoise aux grands espaces océaniques.

L'ile joue également un rôle central dans l'économie mondiale, abritant des entreprises qui produisent une part essentielle des semi-conducteurs avancés utilisés dans l'industrie technologique globale.

Ainsi, comme l'Ukraine en Europe ou le Moyen-Orient dans l'équilibre énergétique mondial, Taïwan constitue l'une des principales failles géopolitiques du système international.

Ces zones de friction ne sont pas des accidents de l'histoire.

Elles sont les manifestations d'une transition systémique vers un ordre international plus fragmenté, plus compétitif et plus incertain.

Gagnant ?

Qu'en est-il de la Chine, puissance dominante du Sud Global, dont la « stratégie africaine » mérite qu'on s'y attarde ? La relation sino-africaine prend véritablement son envol durant les années 90 connaissant un essor impressionnant pendant la décennie suivante : la Chine s'impose alors comme le principal partenaire commercial du Continent. Constat symbolique : depuis 1991, le ministre chinois des Affaires étrangères consacre toujours à l'Afrique son premier voyage diplomatique de l'année.

Le lancement des « nouvelles routes de la soie » en 2013 - le « projet du siècle » selon le président Xi Jinping - vise à implanter de nouveaux comptoirs à l'international afin d'augmenter ses exportations et d'offrir de nouveaux marchés à ses entreprises. Si l'Afrique est loin de représenter la cible prioritaire des investissements chinois, le projet des nouvelles routes de la soie va néanmoins renforcer la relation entre ces deux partenaires et transformer rapidement les Chinois en principaux financeurs d'infrastructures en Afrique, qu'il s'agisse de projets ferroviaires, routiers, aériens, portuaires ou énergétiques, auxquels s'ajoute le soutien à différents dispositifs de développement (zones franches en particulier).

Le volume d'échanges entre les deux pays côtoie les 300 milliards de dollars avec un excédent de 62 milliards en faveur de la Chine : la distorsion est manifeste. Ajoutons que contrairement aux autres acteurs internationaux, Pékin octroie de nombreux prêts aux pays africains, ceux-ci, dans les faits, voyant mécaniquement leur dette augmenter à l'égard de ce créancier particulièrement « généreux » : aujourd'hui, la Chine détient plus de 12% de la dette globale africaine.

Résultat : une dépendance économique qui s'ancre et des remboursements qui se font bien souvent non pas en devises mais en matières premières. C'est là l'illustration concrète de la démarche suivie par la puissance asiatique : répondre avant tout aux défis de sa propre croissance, en sécurisant son approvisionnement en ressources énergétiques stratégiques.

De ce point de vue, la République démocratique du Congo représente un territoire particulièrement prisé, son sous-sol disposant de nombreux minerais et métaux rares (or, cuivre, coltan, cobalt ou tungstène ...).

Effectivement, la Chine a jeté son dévolu sur les mines de cobalt du pays de même que sur le lithium, ce métal conducteur essentiel à la fabrication de piles pour véhicules électriques, téléphones portables ou autres instruments électroniques.

Ressource minérale au cœur d'une spéculation de plus en plus forte, le lithium révèle des propriétés environnementales puissantes, à l'heure, notamment, où nombre de pays ont d'ores et déjà programmé la fin de la voiture thermique. On comprend, dans ces conditions, que Pékin cherche à maîtriser de telles filières, à chacune de leurs étapes, au service de son industrie innovante, de la téléphonie aux antennes-relais en passant par la 5G.

En Afrique, où les besoins liés à l'aménagement territorial – au sens le plus large – sont tout simplement immenses, la contribution chinoise (celle de son gouvernement comme celle de ses institutions financières) est bien entendu incontournable. Mais, loin d'une logique « gagnant-gagnant » elle sert essentiellement les intérêts d'un camp, celui-ci étant en mesure d'imposer ses entreprises, ses sous-traitants, ses normes, son expertise. Pire : elle fait de chaque chantier un outil de renforcement de sa présence dans ce paysage. Soulignons en outre que les conditions de travail imposées à la main d'œuvre locale sont souvent très difficiles, traduisant des pratiques contestables avec d'inévitables conflits à la clé.

À cette dimension économique s'en ajoute une autre, tout aussi structurante, et de nature politique. La Chine s'emploie en effet à implanter son propre modèle et à conforter en Afrique son leadership au sein du Sud Global, dans une posture anti-occidentale qui sert bien entendu ses intérêts commerciaux et diplomatiques. Son objectif – y compris en exerçant une pression évidente sur ses interlocuteurs – est de pouvoir recueillir l'appui des gouvernements africains dans son entreprise de reformatage des normes et références mondiales. Dans cette optique, le Forum sur la coopération sino- africaine (FOCAC) joue un rôle central : cette plateforme est un espace de discussion destiné à renforcer la coopération économique entre la Chine et les pays africains. Dans les faits, il constitue aussi un levier majeur pour le déploiement de l'influence chinoise, ne négligeant aucun aspect, industriel, militaire, financier voire culturel, à travers des plans opérationnels arrêtés à l'occasion de chaque édition.

Ainsi, le plan 2025-2027 du FOCAC prévoit la formation de 1000 responsables de partis africains, dans le but évident d'imprimer la « marque chinoise » au cœur des pratiques politiques que mettront en œuvre les futures élites.

Globalement – et par-delà cette dimension strictement partisane – la Chine forme effectivement de nombreux professionnels locaux, plus que tout autre partenaire : reste que la capacité des pays africains à influer sur le contenu de ces programmes demeure modeste.

En l'état, le Continent ne peut donc tirer qu'un bénéfice limité d'un partenariat à ce point asymétrique, qu'on parle de montée en gamme de sa main d'œuvre, de son savoir-faire ou de sa maîtrise technologique, faute de transferts intégrés aux contrats concernés.

Le FOCAC organisé en juin 2025 à Changsha a pourtant servi de théâtre à une annonce relativement spectaculaire, les autorités chinoises s'engageant à exempter vingt pays supplémentaires de tout droit de douane, ceux-ci s'ajoutant aux trente-trois qui profitent déjà d'une telle disposition. Dans les faits, néanmoins, la mesure s'assimile davantage à un joli coup politique qu'à une véritable révolution.

Le message est clair : en total contraste avec une administration américaine symbolisant la brutalité mercantile de l'Occident, la Chine sait s'adapter aux enjeux des pays africains, leur ouvrir son marché et assumer des aménagements qui servent la solidarité Sud-Sud.

La réalité est sans doute plus subtile : certains pays - comme l'Afrique du Sud ou le Kenya par exemple - pourront tirer un probable profit de cette mesure, mais on ne voit pas comment les autres, dont la base industrielle reste faible voire inexistante, seraient en mesure d'investir un marché chinois bien trop compétitif pour eux. Si la prise de conscience est donc louable, le rééquilibrage n'est pas pour demain. Reste que l'objectif du pouvoir chinois est atteint : se distinguer à bon compte de Washington. Là où Pékin ouvre sans condition, Washington ouvre sous condition. Ainsi, l'AGOA accorde un accès préférentiel mais encadré, reposant sur des critères politiques et institutionnels. Deux approches, deux visions du monde : l'une structure par la norme, l'autre par le débouché économique.

Les termes d'une telle rivalité disent aussi l'entrée du monde dans une phase nouvelle où la puissance ne se mesure plus uniquement à la capacité de produire, mais aussi à la propension à absorber la production des autres. Au fondement de la mondialisation libérale, les économies se structuraient autour des chaînes de valeur : produire là où c'était moins cher, consommer là où le pouvoir d'achat était le plus élevé. Le centre du système était l'atelier du monde.

La scène qui émerge fonctionne différemment : le centre devient le marché final. En ouvrant son marché, la Chine ne cherche pas seulement à importer davantage. Elle vise – de façon maîtrisée – à construire une zone économique d'attraction. Peu à peu, elle transforme sa demande intérieure en instrument d'influence extérieure. Exporter vers la Chine signifie progressivement produire pour la Chine, adapter ses standards, orienter ses infrastructures, et donc intégrer, de facto, sa sphère économique.

En clair, on le voit, les grandes puissances ne cherchent plus seulement à contrôler des territoires, ni même des ressources.

Elles visent à déterminer pour quel marché les nations produiront demain. L'Afrique se retrouve au cœur de cette compétition silencieuse. Non parce qu'elle serait devenue soudainement puissante, mais parce que sa trajectoire économique future influencera l'équilibre mondial.

Un continent qui industrialise pour l'Asie n'aura pas la même structure productive qu'un continent intégré à l'économie atlantique. Ce basculement rappelle, par certains aspects, la conférence de Bandung. Non pas parce que les États cherchent à s'aligner idéologiquement, mais parce qu'ils deviennent les arbitres d'un équilibre entre puissances.

Le choc de Tianjin

Le sommet organisé dans la ville de Tianjin les 31 août et 1er septembre 2025 apporte un éclairage limpide sur l'émergence de nouvelles règles s'appliquant à un jeu lui-même redéfini.

La photo du président russe Vladimir Poutine, du premier ministre indien Narendra Modi et du président chinois Xi Jinping a fait le tour du monde. Mise en scène savamment orchestrée, sourires mutuellement radieux, démonstration de force commune. Pour nombre d'observateurs, ce rendez-vous constituerait même le véritable acte fondateur du Sud global, sous l'impulsion d'un pouvoir chinois plus influent que jamais.

Le *Guardian* ne s'y trompe pas, estimant que « *c'est à Tianjin et non à Washington que le tournant de l'histoire semble se jouer* ». Choc géopolitique majeur, en effet, quand plus de vingt nations ont répondu à l'invitation, représentant 40% de la population mondiale. En portant délibérément atteinte au soft power américain, Donald Trump a ouvert un boulevard aux Chinois, prompts à s'y engouffrer. Oui, le centre de gravité de l'histoire en marche semble bien s'être déplacé. Et pour l'Afrique, plus clairement que jamais, il apparaît que Wahington, Paris ou Bruxelles n'ont plus l'exclusivité de partenariats futurs.

Des alternatives existent, dont le poids politique grandissant élargit par là-même le champ des options.

Pourtant, une vérité brutale demeure : sans puissance militaire, économique et technologique, la voix du Continent demeurera secondaire et sa souveraineté lointaine. La recomposition multipolaire n'est pas seulement source d'opportunités, elle place chaque dirigeant africain face à ses responsabilités.

Actrice de ce nouvel ordre ou simplement spectatrice ? L'Afrique doit choisir et surtout, agir.

Seule, une vraie montée en gamme des économies locales couplée à une stratégie d'investissement massive permettra au Continent de s'installer enfin dans la mondialisation…

Le basculement est désormais cernable : il dessine la perspective d'une Afrique pas seulement intégrée à la mondialisation, mais dont elle devient un point d'équilibre, un facteur d'orientation du système international. Pourtant, soulignons-le, toute centralité n'est pas synonyme de puissance. Être au cœur des convoitises peut consacrer l'autonomie comme reproduire la dépendance.

La question décisive n'est donc pas tant d'analyser les stratégies des autres, que de déterminer celle du continent lui-même.

Celui qui achète structure l'industrie. Et celui qui structure l'industrie façonne l'ordre mondial.

Chapitre 4

Manifeste pour une souveraineté africaine

Capital humain, ressources, unité politique : le triptyque fondateur

Partie 1 – Les illusions brisées

La mondialisation fut longtemps présentée comme l'horizon indépassable de l'histoire. Dans l'ivresse de la fin de la guerre froide, on la dépeignait comme la marche inexorable vers un monde pacifié par le commerce, uni par l'interdépendance économique et arrimé à une gouvernance universelle. L'Afrique, disait-on, n'avait qu'à « s'intégrer » dans cette dynamique, à suivre docilement les prescriptions des institutions de Bretton Woods, à privatiser, libéraliser et ouvrir ses frontières. Le reste viendrait de lui-même : investissements, prospérité, stabilité.

Ce récit, relayé avec zèle par les élites occidentales et leurs relais locaux, avait un nom : le consensus de Washington. Il se voulait la traduction économique de la victoire idéologique du libéralisme. Mais derrière les promesses se cachait une réalité plus brutale : pour l'Afrique, la mondialisation signifiait ajustements structurels, désindustrialisation, fragilisation des États, explosion des inégalités.

Dès les années 1980, sous la pression de la crise de la dette, les pays africains furent sommés d'appliquer les programmes d'austérité dictés par le FMI et la Banque mondiale. Privatiser les entreprises publiques, réduire les dépenses sociales, supprimer les subventions, ouvrir les marchés aux capitaux étrangers : autant de réformes imposées au nom de la compétitivité. Les résultats furent désastreux. L'agriculture vivrière déclina, la santé et l'éducation furent sacrifiées, des pans entiers de l'économie passèrent sous contrôle étranger.

L'économiste égyptien, Samir Amin, lucide, dénonçait déjà cette illusion.

Pour lui, la mondialisation n'était pas une ouverture mais une dépendance renforcée, un « ajustement structurel permanent » au profit du capital global. Sa proposition de « déconnexion créatrice » n'appelait pas au repli mais à l'autonomie stratégique : la capacité de définir ses propres priorités plutôt que de subir celles des autres.

L'esprit trahi de Bandung

Pourtant, on l'a vu, les fondements d'un narratif de référence pour l'Afrique, étaient nés à Bandung, affirmant avec force qu'une voie existait en dehors des blocs. Ce fut, en quelque sorte, le premier manifeste du Sud global : refuser d'être de simples pions dans la guerre froide, défendre la souveraineté, promouvoir la coopération Sud-Sud.

Kwame Nkrumah, Gamal Abdel Nasser, Jawaharlal Nehru, Sukarno : ces leaders incarnaient un idéal.

Celui d'un monde multipolaire avant l'heure, d'un ordre international fondé non sur la dépendance mais sur l'équilibre. Cet esprit de Bandung préfigurait une autre mondialisation dans laquelle l'Afrique ne serait pas périphérique mais actrice.

Mais cet idéal – cette utopie diraient certains – fut rapidement trahi. Les coups d'État téléguidés, les assassinats politiques, les guerres par procuration plongèrent plus que jamais le continent dans la dépendance. Patrice Lumumba l'affirmait alors, volontaire et bravache : « l'Afrique écrira sa propre histoire et elle sera, au nord et au sud du Sahara, une histoire de gloire et de dignité » : il fut réduit au silence par la collusion des intérêts coloniaux et néocoloniaux. Sankara, qui proclamait l'autosuffisance et la dignité, fut abattu. À chaque fois que surgissait une voix panafricaine, elle était neutralisée.

Le triomphe illusoire de l'unipolarité

La chute du mur de Berlin et l'effondrement de l'URSS furent perçus par nombre d'observateurs comme la victoire finale du modèle occidental. Francis Fukuyama pouvait proclamer « la fin de l'Histoire », annonçant la domination sans partage de la démocratie libérale et de l'économie de marché. Pour l'Afrique, cela signifiait l'imposition d'un nouveau cadre : celui de la « bonne gouvernance », des conditionnalités démocratiques et économiques, des privatisations accélérées.

Les États-Unis, hyperpuissance omnipotente, se posaient en gendarmes du monde. L'OMC promouvait le libre-échange. Le dollar consolidait son statut de monnaie universelle. Les GAFAM, nouveaux empires technologiques, diffusaient un modèle culturel et numérique. L'OTAN multipliait les interventions, de la Yougoslavie à l'Irak, en passant par l'Afghanistan.

Mais ce triomphe fut un trompe-l'œil. Très vite, les contradictions de la mondialisation libérale apparurent. Les attentats du 11 septembre 2001 révélèrent les failles de la puissance américaine. Les guerres menées au nom de la démocratie débouchèrent (souvent) sur des chaos durables. La crise financière de 2008 mit à nu la vulnérabilité d'un capitalisme financiarisé. La pandémie de Covid-19 révéla les dangers d'une dépendance excessive aux chaînes de valeur mondiales. Puis la guerre en Ukraine acheva de faire exploser le mythe d'un monde unifié.

L'unipolarité s'était imposée sans partage, mais aussi vite qu'elle avait triomphé, elle révéla sa dimension parfaitement illusoire.

L'Amérique transactionnelle

Dès 2017, le tournant fut incarné par Donald Trump, prompt à mettre fin au vernis idéologique. De façon assumée, les États-Unis ne prétendaient plus guider le monde, seulement défendre leurs intérêts. « L'America First » ne marquait pas seulement l'abandon de toute prétention universaliste, elle le revendiquait.

Son successeur, Joe Biden, dans un style certes plus policé, prolongea largement, en réalité, la même logique : protectionnisme industriel, restrictions technologiques visant la Chine et alliances redéfinies dans une logique constante de rapports de force.

La bascule est actée : l'Amérique ne cherche plus à régner sur un monde globalisé, elle veut sécuriser son hégémonie relative dans un monde fragmenté.

Pour l'Afrique, cela signifie une marginalisation accrue. Washington convoque ponctuellement les dirigeants africains à des sommets, promet des financements, mais, comme on l'a dit, son intérêt pour le Continent reste secondaire et assurément intéressé.

La « tech-right » : privatisation du régalien

Parallèlement, un phénomène inédit est apparu : la montée en puissance d'acteurs privés qui se substituent aux États. Elon Musk, avec ses satellites Starlink, peut décider du sort d'opérations militaires en Ukraine. Peter Thiel, chantre d'un capitalisme libertarien, défend un monde où les grandes entreprises contrôlent monnaie, communication et sécurité. Union au sommet entre nationalisme numérique et dérégulation radicale... Au nom de ce paradigme, la souveraineté n'est plus seulement étatique : elle devient technologique et privée.

Les « datas » sont des armes, les algorithmes des instruments de pouvoir, les plateformes des acteurs géopolitiques.

L'Afrique, hyperconnectée mais dépendante des infrastructures étrangères, est vulnérable.

Ses données sont hébergées ailleurs, ses réseaux contrôlés par des entreprises non africaines. Si elle ne construit pas sa souveraineté numérique, elle risque une nouvelle colonisation — invisible mais redoutable.

Resurgit, à l'heure d'Internet, cette brillante formule de Thomas Sankara : « L'esclave qui ne s'assume pas finira toujours par trouver un maître. » La bataille du numérique ne conteste pas un tel diagnostic : si l'Afrique ne s'assume pas, elle trouvera, là-encore, de nouveaux maîtres.

Partie 2 – L'Afrique au cœur du chaos multipolaire

La mondialisation s'est fragmentée. Elle n'est plus ce récit homogène d'un marché unique universel, mais une arène où se confrontent plusieurs desseins. D'un côté, l'Occident tente de préserver sa position dominante en brandissant les normes, les sanctions, les conditionnalités. De l'autre, la Chine et la Russie avancent des modèles concurrents, faits d'infrastructures, d'énergie, de sécurité.

Entre les deux, des puissances intermédiaires — Turquie, Inde, pays du Golfe — cherchent leur place.

Au cœur de ce bouillonnement vertigineux, l'Afrique ne cherche pas seulement sa place, elle peut viser un statut, inédit, incontournable, en un mot, central.

Face à elle, une diversité d'acteurs avec lesquels elle interagit, chacun proposant une lecture particulière du monde et s'employant, surtout, à y forger sa propre domination…

La Chine : l'offensive par les infrastructures et les minerais

Le cas chinois est emblématique. Son approche est résolument fondée sur un pragmatisme à la lisière du cynisme : infrastructures contre ressources, routes, barrages, hôpitaux contre pétrole, cuivre, bois et terres agricoles. Une stratégie attractive à court terme, visuellement généreuse, mais biaisée par des prêts opaques adossés aux ressources naturelles comme autant de garanties, un déficit de création d'emplois locaux, des transferts de savoir-faire faméliques et des conditions environnementales et sociales (extrêmement) laxistes.

Ainsi, dans de nombreux pays africains, l'Empire du Milieu étend ses positions et affirme son influence :

- En RDC : la Chine contrôle une grande partie du cobalt, ressource indispensable aux batteries électriques. Dès 2022, plus de 70 % du cobalt extrait en RDC partait vers la Chine.

- En Zambie : Pékin est un acteur central du cuivre, métal vital pour les transitions énergétiques.

- En Guinée : la bauxite guinéenne alimente l'industrie chinoise de l'aluminium.

- En Afrique de l'Est : ports et lignes ferroviaires financés par la Chine relient l'intérieur du continent à ses littoraux.

Cette (omni)présence soulève des interrogations. Les dettes contractées sont lourdes : la Zambie et l'Angola en savent quelque chose. Les contrats miniers sont opaques. Les infrastructures, souvent construites par des entreprises chinoises avec une main-d'œuvre importée, profitent peu à l'emploi local. La Chine ne colonise pas à l'ancienne, mais elle verrouille par l'économie.

L'alerte lancée par Kwame Nkrumah prend tout son sens : « Le néocolonialisme est le stade ultime de l'impérialisme. » Ce néocolonialisme dessine aujourd'hui les traits d'un visage chinois.

La Russie : la diplomatie du contrepoids

Moscou n'a pas les moyens financiers de Pékin, mais dispose d'un atout essentiel : la puissance militaire et une rhétorique de résistance à l'Occident.

- En Centrafrique, la Russie a pris pied par l'entremise de sociétés militaires privées, sécurisant le pouvoir en échange de concessions minières.

- Au Mali, elle s'est imposée après le départ français, incarnant pour certains une alternative souveraine.

- Au Sahel, sa propagande exploite le ressentiment contre l'Occident pour se présenter en alliée des peuples humiliés.

En juillet 2023, lors du sommet Russie-Afrique à Saint-Pétersbourg, Vladimir Poutine a annulé des dettes et promis des livraisons gratuites de céréales. Symbolique, mais efficace : la Russie n'apparaît pas comme un créancier exigeant mais comme un allié désintéressé.

Pourtant, derrière l'image, l'impact réel est limité : le commerce Russie-Afrique reste inférieur à 20 milliards de dollars, loin des volumes chinois ou européens. Mais Moscou joue sur l'influence et sur l'idéologie, incarnant un contrepoids, une possibilité pour l'Afrique de dire non à l'Occident.

L'Europe : puissance lasse, influence contestée

L'Union européenne reste le premier partenaire commercial et financier du Continent. Mais son image est ternie.

Les programmes d'ajustement structurel des années 1980, perçus comme imposés par des institutions que domine l'Occident, ont laissé des cicatrices. La présence militaire française au Sahel, d'abord acceptée, s'est transformée en symbole de tutelle. Les discours de partenariat « d'égal à égal » sonnent creux quand ils s'accompagnent de conditionnalités.

L'UE tente un repositionnement avec l'initiative Global Gateway, promettant 300 milliards d'euros d'investissements, notamment dans les énergies propres. Des projets d'hydrogène vert émergent au Maroc et en Namibie. Mais le retard accumulé face à la Chine est immense. Et le poids de l'histoire rend la reconquête difficile.

Les BRICS+ : un Bandung 2.0 ?

En 2023, les BRICS (Brésil, Russie, Inde, Chine, Afrique du Sud) se sont élargis à six nouveaux membres : Arabie saoudite, Émirats arabes unis, Iran, Égypte, Éthiopie, Argentine. Cette extension donne au groupe une dimension nouvelle : plus de 45 % de la population mondiale, près d'un tiers du PIB global, et surtout une volonté affichée de contester l'ordre occidental.

Pour l'Afrique, la présence de l'Afrique du Sud et désormais de l'Éthiopie et de l'Égypte est symbolique. C'est une reconnaissance du continent comme acteur du multipolarisme. Mais c'est aussi un défi : comment transformer cette appartenance en influence réelle, et non en simple caution géographique ?

Même s'il convient de l'exprimer avec nuance, l'esprit de Bandung semble véhiculer l'once d'une renaissance à travers les BRICS : refus de l'hégémonie, affirmation du Sud global, quête d'un ordre multipolaire. Mais pour l'Afrique, la tentation est grande d'être entraînée plutôt que d'agir.

Les nouvelles routes de la dépendance énergétique

Car la transition énergétique mondiale, combat planétaire face aux effets du réchauffement climatique, dessine dans le même temps, de nouvelles lignes de dépendance.

- Lithium, cobalt, coltan : sans l'Afrique, aucune batterie, aucune voiture électrique, aucun smartphone. La RDC, à elle seule, détient plus de 60 % du cobalt mondial.

- Hydrogène vert : le Maroc et la Namibie deviennent des laboratoires de projets pilotés par l'Europe.

- Gaz naturel : le Mozambique, le Nigeria, l'Algérie sont redevenus des terrains de convoitises dans le contexte post-Ukraine.

Indéniablement, l'Afrique détient les principales clés de la transition énergétique mondiale.

Mais la question demeure : sera-t-elle simple exportatrice de ressources, ou transformera-t-elle ces richesses sur place ?

Ainsi, la mondialisation telle que nous la connaissions s'effrite. Mais son effritement ne signe pas sa fin : c'est une mutation.

Décrypter ce désordre généralisé aboutit à distinguer trois scénarios qui, aujourd'hui, s'offrent potentiellement à l'Afrique.

Scénario 1 : La dépendance aggravée

Dans ce premier cas de figure, le continent reste fragmenté. La ZLECAF (Zone de Libre Échange Continentale Africaine) peine à dépasser les inerties nationales. Les ressources stratégiques — cobalt, lithium, coltan — sont exportées brutes vers la Chine, l'Europe ou les États-Unis, sans transformation locale. Les infrastructures sont financées par des dettes contractées auprès de bailleurs extérieurs, hypothéquant l'avenir. Les bases militaires étrangères se multiplient, du Sahel à la Corne de l'Afrique, chaque puissance projetant ses forces au nom de la stabilité.

Ce scénario est celui d'une Afrique encore et toujours instrumentalisée, terrain de jeu de puissances étrangères, incapable de tirer parti de sa centralité. C'est la perpétuation de ce que Fanon appelait la « misère importée » : une dépendance systémique où l'Afrique paie les coûts sans jamais bénéficier des bénéfices.

Scénario 2 : L'intégration maîtrisée

Une seconde option conduit à dessiner une Afrique apte à concrétiser la ZLECAF. Concrètement, les infrastructures continentales se connectent : routes, rails, corridors énergétiques. Les institutions financières africaines gagnent en crédibilité, capables d'émettre des obligations souveraines régionales et de financer le développement par elles-mêmes. L'Union africaine, réformée, devient une force diplomatique audible dans les négociations mondiales.

La dépendance extérieure persiste, mais elle est équilibrée par une coopération Sud-Sud renforcée.

L'Afrique s'affirme comme un bloc capable de peser, même si son industrialisation reste incomplète.

Ce scénario correspond à ce que Cheikh Anta Diop appelait de ses vœux : « L'unité culturelle et scientifique de l'Afrique est la condition de son indépendance réelle. »

Scénario 3 : La puissance d'équilibre

Cette troisième hypothèse repose sur un postulat ambitieux : l'Afrique transforme sa démographie en atout, ses ressources en puissance, son unité en force. Avec 2,5 milliards d'habitants en 2050, elle devient un marché intérieur colossal. Ses villes, hyperconnectées, deviennent des hubs d'innovation. Ses universités produisent du savoir. Ses industries transforment localement le cobalt, le lithium, le manganèse.

Sur le plan diplomatique, elle devient arbitre dans un monde multipolaire. Ni alignée sur l'Occident, ni dépendante de la Chine ou de la Russie, elle définit ses propres normes. Elle impose ses standards dans les secteurs décisifs de la finance, de l'environnemental ou du numérique. Elle devient ainsi, selon l'expression de Paul Kagame, un continent qui « se respecte lui-même et gagne le respect des autres ».

Utopie absolue ? Sans doute pas. Une telle trajectoire exige en revanche des choix aussi volontaristes que courageux. Mais il repose sur des faits.

Car les chiffres ne mentent pas :

- 25 % de la population mondiale en 2050.

- Plus de 60 % des terres arables encore disponibles.

- La majorité des minerais critiques pour la transition énergétique.

- Un potentiel énergétique solaire et hydraulique inégalé.

Demain, le monde ne pourra plus se passer de l'Afrique. Mais pour le Continent, cette dépendance peut être une malédiction aussi bien qu'une opportunité. Malédiction si elle alimente une nouvelle colonisation, opportunité si elle est transformée en levier de souveraineté.

Pour un Manifeste africain

Longtemps considérée comme une perspective érigée au rang de véritable destin, la mondialisation n'a eu de cesse de démontrer qu'elle s'assimile aussi à un champ de bataille. Car celui qui ne définit pas les règles du jeu est condamné à en être l'éternelle victime. Le défi, pour l'Afrique, est donc de refuser ce rôle peu enviable de réservoir de matières premières. Et d'inventer une mondialisation africaine, une mondialisation où les ressources sont transformées sur place, où les normes sont pensées en fonction de ses réalités, où la diplomatie est proactive et unifiée.

Le XXIe siècle sera peut-être africain. Encore faudrait-il que l'Afrique décide qu'il le soit…

La souveraineté confisquée : quand la paix africaine se négocie hors d'Afrique

En 2025, Washington a accueilli la signature d'un accord important entre la République démocratique du Congo et le Rwanda : pour la première fois depuis trois décennies, ce texte ambitionne alors officiellement de transformer un espace de conflit en un espace d'intégration régionale. Ce faisant, il prétend inaugurer une approche originale en articulant l'impératif sécuritaire et l'impératif économique dans une seule et même architecture. En clair, dans son fondement même, l'accord de Washington proclame que la reconstruction économique ne peut pas précéder la paix, pas plus que la paix ne peut précéder la reconstruction : les deux doivent naître ensemble, sous peine de n'être que des illusions juxtaposées.

Car si un compromis dépourvu de justice économique est condamné à l'érosion, une prospérité détachée de la stabilité politique est vouée à la prédation. La philosophie sous-jacente est intéressante : ce n'est pas forcément la géographie qui crée la guerre, mais l'absence de structures capables d'ordonner les rapports humains et d'arbitrer les intérêts. L'accord de Washington introduit d'ailleurs explicitement la notion de souveraineté en tant qu'infrastructure.

Sur le plan immédiat, il serait évidemment malhonnête de nier les bénéfices d'une telle avancée, fussent-ils malheureusement fragiles.

Pour un pays éprouvé par des décennies de guerre, toute initiative susceptible de réduire les violences mérite d'être considérée, loin de sans posture idéologique.

Mais comment ne pas noter un paradoxe suprême : un texte qui inscrit la souveraineté au cœur de son propre objet alors qu'il s'écrit loin des terres concernées, sous l'égide des Etats-Unis ? Ni à Kinshasa, ni à Kigali, ni sous l'autorité pleine et entière d'une institution africaine, mais à Washington, capitale d'un pays qui, depuis plus d'un siècle, définit la production normative du monde …

En vérité, quelles qu'en soient les vertus, cet accord prend place dans une séquence diplomatique malheureusement familière.

Une crise africaine majeure, enracinée dans l'histoire du continent, dans la violence des frontières héritées, dans le pillage des ressources et dans la souffrance de millions de civils, voit sa tentative de résolution « parrainée » par un hôte aussi puissant qu'éloigné géographiquement. Il doit donc être lu comme un révélateur. Car il met en lumière une réalité structurelle : l'Afrique demeure trop souvent le théâtre des conflits, mais rarement l'espace où s'écrivent leurs solutions.

Cela confirme une hiérarchie implicite du pouvoir mondial, dans laquelle la capacité à produire la paix est confisquée au profit d'acteurs extérieurs, tandis que les États africains sont relégués au rang de parties prenantes, mais non souveraines.

La construction de la paix désigne un processus politique exigeant un équilibre subtil entre justice, sécurité et légitimité. Or, quand ce processus est externalisé, une question fondamentale surgit : qui définit les termes de la stabilité africaine ? Qui en fixe le rythme, les garants et les contreparties ? En confiant l'architecture de la paix à une puissance extérieure, l'Afrique alimente, volontairement ou non, une narration dangereuse : celle d'une incapacité supposée à régler ses propres différends.

Pourtant, cette narration est infondée. L'histoire du continent regorge de médiations africaines courageuses et efficaces. Mais elle persiste, entretenue par la faiblesse institutionnelle des mécanismes panafricains et par l'intérêt stratégique de puissances qui trouvent avantage à traiter avec des États divisés plutôt qu'avec un continent uni.

Car derrière la paix affichée se dessine un autre rapport de force, plus silencieux, mais infiniment plus structurant, celui des minerais critiques : cobalt, cuivre, lithium, terres rares. La République démocratique du Congo occupe une position centrale dans la géoéconomie de la transition énergétique mondiale. À l'heure où les chaînes de valeur sont devenues des instruments de puissance, cette centralité confère au pays un vrai rôle stratégique. Les accords conclus entre la RDC et les États-Unis sur les minerais critiques s'inscrivent dans la rivalité croissante entre Washington et Pékin.

La Chine, par une stratégie patiente et méthodique, a pris une avance considérable sur le raffinage, la transformation et la logistique des métaux stratégiques africains. Face à cette domination, les États-Unis cherchent désormais à sécuriser des approvisionnements alternatifs, à réduire leur dépendance et à reprendre pied sur un continent longtemps négligé.

Pour la RDC, ces partenariats peuvent apparaître comme une opportunité. Diversification des alliances, regain d'intérêt international, perspectives d'investissement : les promesses sont réelles. Mais elles sont aussi porteuses d'un risque majeur. Celui de substituer une dépendance à une autre. Sans stratégie industrielle claire, sans exigence de transformation locale, sans transfert technologique structuré, ces accords risquent de reconduire un modèle ancien, dans lequel l'Afrique fournit la matière première pendant que la valeur ajoutée se construit ailleurs.

La question centrale n'est donc pas de choisir entre la Chine ou les États-Unis. Elle est de savoir si la RDC, et l'Afrique tout entière, est en mesure d'imposer ses propres règles du jeu. Une paix durable ne peut être dissociée d'une souveraineté économique réelle. Lorsque la stabilité devient une variable d'ajustement au service d'intérêts géoéconomiques globaux, elle perd sa substance politique et humaine.

Une large majorité des discussions du Conseil de sécurité des Nations unies concerne des problématiques africaines, qu'il s'agisse de conflits armés, de sanctions, d'opérations de maintien de la paix ou de crises humanitaires. Pourtant, le continent ne dispose d'aucun siège permanent au sein de cette instance. Cette anomalie n'est pas un simple détail. Elle est le reflet d'un déséquilibre politique dans lequel l'Afrique est omniprésente dans les crises, mais absente des décisions structurantes.

Nietzsche le disait : « Il faut porter en soi un chaos, pour pouvoir mettre au monde une étoile dansante. » L'Afrique porte en elle ce chaos — chaos des frontières héritées, chaos des dépendances, chaos des conflits. Mais l'avenir la verra peut-être enfanter une étoile dansante : celle d'une puissance d'équilibre, d'un continent qui cesse d'être spectateur pour devenir acteur, d'une révolution africaine qui transforme la mondialisation en une opportunité d'essor.

Sa marginalisation est bien le symptôme d'un déficit de souveraineté collective. Tant que ses institutions ne disposeront ni des moyens, ni de l'autorité politique, ni de la crédibilité diplomatique suffisante, les grandes décisions continueront de se prendre ailleurs…

Chapitre 5

L'Afrique et la mondialisation repensée : Vers une Révolution Africaine

De la périphérie au centre de gravité mondial

Le chaos, donc

…

Avec la première puissance mondiale qui voit s'installer un pouvoir alliant la droite nationaliste, la « tech-right » d'Elon Musk et les néo-réactionnaires. Son dessein domestique ? Anémier tout l'édifice institutionnel, privatiser le régalien et contrôler datas et information. Quant à la stratégie internationale des Etats-Unis, elle consiste à s'exonérer de toute référence au progrès, aux solidarités ou aux valeurs, en privilégiant toujours le rapport de force, à des fins transactionnelles.

Un dérèglement généralisé, des repères qui s'amenuisent, le commerce mondial atteint, les marchés tourneboulés, des conflits qui font rage en plusieurs lieux de la planète. Et face à cette fièvre qui s'installe, des pays ou des blocs qui s'organisent, négocient, concèdent ou résistent, tentant de se frayer un chemin vers un « autre-chose » qui peine encore à se révéler.

Et l'Afrique ? Elle pourrait être – et sera peut-être – la principale victime de cette période historique où toute transition semble rimer avec déraillement. Divisée, sous-industrialisée, soumise à des pouvoirs souvent éloignés de l'intérêt général, et absente des principaux lieux d'arbitrages internationaux, ne présente-t-elle pas toutes les caractéristiques d'un continent qui, faute d'être un jour véritablement entré dans la mondialisation, paraît condamné à en subir chroniquement les crises et les effets pervers ?

A l'appui d'un si sombre diagnostic nombre de mes interlocuteurs me citent souvent l'exemple de la dette. Argument implacable à leurs yeux, une manière de fermer le ban, de baisser la tête et de contempler ses chaussures plutôt que de regarder l'avenir. Ils ont tort. La dette, en soi, n'est par le symptôme d'un drame éternel. Car l'endettement, quand il est productif, transparent et adossé à une stratégie claire, peut être un instrument de souveraineté et non d'asservissement. À cela, plusieurs conditions, bien entendu : transparence dans les budgets et les marchés publics, modernisation des administrations fiscales et gestion proactive de la dette. Autant de leviers qui peuvent permettre de réduire la dépendance aux créanciers et de mieux mobiliser ses ressources internes. En d'autres termes, pour l'Afrique, reprendre les commandes de son propre destin pourrait – devrait – se traduire par une réorientation de l'endettement vers des investissements créateurs de valeur. Mon propos, ici, est de montrer que l'inéluctable n'existe pas quand les actes politiques sont posés et qu'ils le sont dans le bon sens.

Alors, à défaut d'être « heureuse », la mondialisation pourrait-elle au moins s'avérer féconde, bénéficiant demain à une Afrique renforcée par ses propres transformations ?

Je le crois possible. Car la « nouvelle donne » mondiale qui se dessine révèle plusieurs facteurs favorables et intrinsèquement porteurs.

- Parce que le chaos renforce les multipolarités et élargit, par conséquent, le champ du possible et surtout, des partenariats.
- Parce qu'il rend désormais vitale l'obligation de se réformer en profondeur et en accéléré, en rassemblant ses propres forces : la remarque vaut d'ailleurs dans tous les cas, ne s'appliquant pas qu'à l'Afrique. Ainsi, dans une analyse publiée dès mars 2025, le *Financial Times* estimait que Donald Trump devrait se voir décerner le Prix Charlemagne qui, chaque année, récompense la personnalité ayant le plus contribué à l'unité européenne. Optimiste sans doute, mais savoureux …
- Et parce que le monde qui s'annonce implique de pouvoir mobiliser des atouts et des « ingrédients » dont l'Afrique regorge, même si elle n'a jamais été véritablement capable de les faire fructifier à son profit.

Sa démographie est source de puissance : le Continent devrait représenter un quart de la population mondiale en 2050, dont plus de la moitié aura moins de 25 ans. Autant de talents en devenir, à condition de les éduquer et de les former. C'est une formidable force de frappe qui se dessine, une main d'œuvre plus seulement affectée à des tâches fonctionnelles mais surtout à des activités à haute valeur ajoutée.

L'avenir africain, ce peut être aussi un marché puissant, dopé par des réserves stratégiques majeures au cœur de la transition mondiale : terres rares, cobalt, lithium, uranium, auxquels s'ajoutent des terres agricoles potentiellement aptes à nourrir le continent dans une vraie logique d'auto-suffisance, des forêts et des fleuves en réponse aux défis climatique et environnemental. C'est en Afrique que s'écrit, au futur, une histoire enviable de l'humanité, à l'heure de l'économie verte …

Dès lors, comment passer du constat à l'essor ? Comment inscrire le chaos dans le rétroviseur en bâtissant avec audace un devenir nullement illusoire, mais immensément exigeant ?

Inaugurer le temps d'une révolution africaine.

Quand une volonté politique vise à imprimer des changements si profonds qu'ils permettraient à l'Afrique de s'asseoir – enfin – à la table des négociations, non plus pour subir, mais pour contribuer.

Un défi inédit en ce sens que pour la première fois, il paraît légitime d'estimer que l'Afrique pourrait le relever.

« *L'AGENDA 2063 est le schéma et le plan directeur de l'Afrique visant à transformer l'Afrique en puissance mondiale de l'avenir. C'est le cadre stratégique du continent qui vise à atteindre son objectif de développement inclusif et durable. Il s'agit d'une manifestation concrète de la volonté panafricaine d'union, d'autodétermination, de liberté, de progrès et de prospérité collective poursuivie dans le cadre du panafricanisme et de la renaissance africaine* ».

Tout y est ! Ces quelques lignes qui introduisent la présentation de l'AGENDA 2063, véritable document de référence conçu par l'Union africaine, résument à la fois des priorités et une ambition.

L'Afrique ne pâtit donc ni d'un diagnostic défaillant, ni d'une « feuille de route » inexistante. Pour preuve, ces fameux « High 5 », cinq piliers mis en exergue par l'ancien patron de la Banque africaine de développement, le Nigérian Akinwumi Adesina, pour organiser l'expansion du Continent : électrifier l'Afrique, la nourrir, l'industrialiser, l'intégrer et renforcer sa qualité de vie. Cahier des charges très pertinent, on y reviendra. Mais comment l'honorer ? Car à l'heure de cette mutation historique que nous vivons, l'objectif est bien de passer en mode opérationnel : impulser les changements structurels qui rendront possible l'atteinte de tels objectifs.

Or, d'évidence et par-delà les grandes déclarations, rien ne sera possible, tant que deux conditions essentielles ne seront pas remplies : l'unité politique d'une part, l'émancipation financière d'autre part.

Unité politique

Mot magique, ambition légitime, l'unité demeure toutefois largement à l'état de vœu pieux quand on l'applique au Continent. Songe-t-on, par exemple, que la libre circulation des biens et des personnes y demeure malheureusement un objectif en cours ?

L'unité est pourtant au cœur même de la promesse panafricaine, née au XVIIIème siècle d'un mouvement intellectuel et politique qui, déjà, prônait l'affirmation d'une voie singulière et indépendante pour l'Afrique, tant dans son développement que dans son rapport aux autres nations.

On peut d'ailleurs estimer que la création de l'Union Africaine (celle-ci succédant en 2002 à l'OUA - Organisation de l'Unité Africaine), répondait précisément à un tel dessein, donnant – supposément – un prolongement institutionnel à cette ambition unitaire. La démarche visait en effet à créer un modèle efficient, largement calqué sur celui d'une UE perçue comme l'illustration d'une intégration continentale maîtrisée, tant sur le plan économique, diplomatique que démocratique.

On y retrouve donc une mécanique et des composantes qui ne sont pas sans rappeler le mode de fonctionnement des principales institutions du Vieux Continent. Ainsi, le Parlement panafricain est l'organe législatif de cet édifice, la Conférence rassemble les chefs d'État et de gouvernement des membres de l'UA, la Commission incarnant le pouvoir exécutif, alors que le Conseil exécutif réunit les ministres des différents États. L'UA s'appuie également sur une Cour africaine de justice, levier judiciaire de ce schéma censé « assurer la protection des droits de l'homme et des peuples en Afrique ».

Dans les faits pourtant, disons-le, l'Union Africaine n'a pas atteint ses buts : plus de vingt ans après sa création, elle apparaît comme une belle idée jamais totalement sortie de ses cartons. Qu'il s'agisse du maintien de la paix, de l'influence africaine sur la scène mondiale ou de son autonomisation économique, le compte n'y est pas. Plus de 60% du budget global de l'UA demeurent financés par des partenaires extérieurs, notamment la Chine, les Etats-Unis ou l'Union européenne. Quant aux États membres de cette instance, ils n'ont guère confiance en elle, refroidis par l'absence d'avancées significatives et en conséquence, réticents à l'idée d'un transfert de souveraineté pourtant indispensable. Si l'objet initial de l'UA était bien d'approfondir l'intégration continentale, les résultats ne sont pas au rendez-vous : l'UA contraste avec l'UE (dont elle prétendait s'inspirer), où des pouvoirs supranationaux contraignants sont exercés par des entités telles que la Commission ou le Parlement. Résultat : des « décisions » qui n'ont, dans la plupart des cas, que le statut – stérile – de recommandations et un mode de fonctionnement par trop technocratique et finalement peu efficient, car trop lourd, trop lent et trop éloigné des priorités des États.

Si un consensus existe autour de l'intégration, présentée comme le maître-mot du développement africain, la dynamique ne s'est jamais réellement enclenchée : échanges intrarégionaux faméliques, chevauchements institutionnels, blocages politiques…

Conséquence : la nature ayant horreur du vide, une autre logique émerge, plus souple et sans doute plus pragmatique aussi : celle des accords bilatéraux. À Cotonou, par exemple, en juillet 2025, les présidents du Sénégal et du Bénin ont donné le ton : renforcer les liens économiques, relancer les échanges, réformer la CEDEAO (Communauté économique des États de l'Afrique de l'Ouest). Même mouvement à Conakry, avec la volonté affichée de construire une convergence stratégique entre le Sénégal et le Guinée. Les exemples ne manquent pas de ces initiatives, compensant régionalement une unité globale introuvable, faute d'une mécanique institutionnelle adaptée. Le cas de la ZLECAf (Zone de Libre Échange Continentale Africaine) est emblématique. Inscrit à l'Agenda 2063, ce projet est censé créer le cadre propice au développement d'un marché intégré pour le commerce des biens et des services, ainsi – on y revient – que pour la libre circulation des personnes mais aussi des capitaux. Initiative parfaitement louable même si, là-encore, cette institution peine à entrer en phase opérationnelle, lestée par des freins règlementaires, des infrastructures insuffisantes et un manque de coordination interrégionale.

Le cercle vicieux est patent : d'un côté, une intégration continentale qui avance au ralenti, de l'autre des alternatives régionales qui, tentées de faire émerger leur propre zone de libre-échange, risquent de morceler le paysage et de voir l'ambition d'un vrai marché commun africain s'évaporer dans les limbes bureaucratiques.

L'Union économique et monétaire ouest-africaine, la communauté économique et monétaire de l'Afrique centrale, la communauté économique des États d'Afrique de l'Ouest, le marché commun de l'Afrique orientale et australe ou encore la communauté de développement d'Afrique australe, illustrent ces logiques résolument localisées qui, loin d'être contestables, n'en révèlent pas moins ce criant déficit de cohérence continentale.

Dès l'origine, l'erreur a sans doute été pour l'UA, d'accueillir mécaniquement tous les membres de l'OUA, dans leur (trop) grande disparité : quitte à prendre l'édifice européen pour modèle, il eût été plus logique d'imposer des critères d'adhésion garantissant davantage de cohésion, de stabilité et d'efficacité à la démarche. A l'inverse, l'UA a souvent affiché l'image d'un « machin » paré de compétences séduisantes sur le papier, mais aux effets relatifs dans les faits. Une sorte de « Cineccita » institutionnelle, quand le décorum prend le pas sur la réalité. Mais comment pourrait-il en être autrement, dès lors – par exemple – que le Parlement panafricain ne peut exercer le moindre pouvoir législatif contraignant, pas plus que la Commission, incapable d'imposer aux États les règles édictées par l'institution ?

Une refondation globale s'impose donc, visant à clarifier, à organiser, à articuler et à coordonner. Dans cette perspective, la ZLECAf a bel et bien vocation à s'imposer comme l'espace pertinent d'un vrai projet économique continental, apte à nouer des accords bilatéraux avec d'autres partenaires mondiaux. Et à terme - vision optimiste diront certains - pourquoi ne pas imaginer l'émergence d'une « ZLEPS », véritable zone de libre-échange des pays du Sud ?

A plus brève échéance, en tout cas, l'idée est bien de s'affranchir d'un schéma « emprunté » à d'autres pour réfléchir à la structuration d'un cadre largement renouvelé, plus souple dans son fonctionnement, plus transparent et davantage susceptible de susciter la confiance des États membres. Une réforme institutionnelle inédite. Une composante, en tant que telle, de la révolution africaine …

Concrètement, inaugurer la création d'une Autorité politique panafricaine exécutive, c'est-à-dire un organe continental à composition réduite pour plus d'efficience, mandaté par les gouvernements pour porter la voix de l'Afrique sur les questions géopolitiques, industrielles et sécuritaires. Celle-ci pourrait disposer de pouvoirs ciblés à-même de lui voir jouer un rôle significatif sur des enjeux stratégiques réellement en écho aux besoins du Continent : en particulier, représenter politiquement l'UA au sein des grandes instances internationales et piloter de grands projets économiques structurants qu'il s'agisse de la santé, de l'énergie, d'infrastructures, de numérique ou de souveraineté industrielle. Le pouvoir d'émettre des avis contraignants lui serait confié sur des arbitrages diplomatiques majeurs à l'échelle panafricaine, accompagnant sa propension à rationaliser et à coordonner l'action des communautés économiques régionales.

Sa gouvernance pourrait reposer sur un collège de cinq à sept membres élus pour cinq ans (mandat renouvelable une seule fois) parmi les chefs d'État de l'UA, selon des critères de rotation à la fois géographiques, d'engagement régional mais aussi de « performance démocratique ».

Sur ce dernier point, j'anticipe les réserves que ne manqueront pas de soulever ceux que « la démocratie » séduit toujours sur le plan sémantique mais jamais quand il s'agit de l'appliquer.

Et je renvoie ici à l'essai tonique et sans concession publié en 2025 par le journaliste Ousmane Ndiaye – « *L'Afrique contre la démocratie – Mythes, déni et péril* » - aux éditions Rive neuve.

S'attaquant aux tenants du « relativisme démocratique », toujours prompts à estimer que ce régime serait « trop occidental » pour s'appliquer au Continent, il démontre à l'inverse – exemples robustes à l'appui – dans quelle mesure ce postulat pernicieux pérennise des pratiques détournant à la fois le fonctionnement normal des institutions et l'expression souveraine du pouvoir populaire. Cela porte un nom : mettre les pieds dans le plat.

Et c'est salutaire car, hors une prise de conscience lucide, couplée à une volonté politique authentique, toute perspective réformiste ne peut que s'assimiler à une duperie. L'Afrique n'en a que trop souffert : syndrome du potentat, tragédie de la corruption, mime du pluralisme, les enfants du Continent ont souvent grandi au cœur d'un contexte délétère qui entretient les privilèges d'une minorité en maintenant la majorité dans le dénuement, quitte à lui promettre continûment un futur radieux.

A l'heure où la première puissance mondiale révèle la culture profonde d'une administration focalisée sur la neutralisation méticuleuse de chaque contre-pouvoir, rêvons de voir l'Afrique entamer le contre-pied de ce chaos politique et même philosophique. Ou plutôt, ne rêvons pas. La « tectonique des plaques » est en œuvre et redessine de nouveaux rapports de force au cœur du paysage mondial : dans ce mouvement historique, on l'a vu, l'Afrique dispose potentiellement des atouts qui lui permettraient de faire progressivement émerger une nouvelle génération politique, une population mieux éduquée et ce faisant, de conquérir un statut inédit dans son dialogue avec les autres nations. Pour cela, il convient de combattre deux idées qui ont la vie dure. D'abord celle d'un « complot mondial » qui parviendrait à entretenir éternellement l'Afrique dans son état de dépendance. Et puis celle selon laquelle les peuples africains seraient définitivement infectés par le virus de la résignation face à l'avenir.

Concernant la première, nul ne doit être naïf, mais nul ne doit non plus sous-estimer l'impact que générerait une réelle mutualisation des forces à l'échelon continental.

Quant à la seconde, si l'Histoire a longtemps condamné les Africains à une résilience chronique, l'apparition d'un « marché africain » associée à une nouvelle donne technologique apte à le mobiliser, accélèrera nécessairement l'aspiration commune à un partage plus équitable des gains et des retombées économiques, processus démocratique par essence.

Croire en la volonté politique des gouvernants n'est pas inconcevable, même si les enseignements issus de la « chronique africaine » démentent souvent un tel espoir ; estimer, prosaïquement, que la pression des mutations économiques, technologiques et géopolitiques, condamne à terme les tenants de l'immobilisme, peut sembler plus pragmatique.

C'est toute la différence entre candeur et clairvoyance. La candeur ne peut que conduire à l'impasse. La clairvoyance dessine un horizon pourvu qu'on sache lui associer une dynamique réformatrice. Assumer un pari : le rythme de la croissance africaine - y compris celle de ses enfants - aura raison de l'inertie (souvent) délibérée de certains de ses représentants. Dans cette optique, on le voit, l'unité institutionnelle apparaît comme un prérequis. Un autre pilier décisif découlera d'une émancipation financière de l'Afrique.

De terrain de concurrence à puissance d'équilibre

La compétition économique entre les grandes puissances place désormais l'Afrique dans une situation inédite. Pour la première fois de son histoire contemporaine, le continent n'est plus seulement confronté à un partenaire dominant, mais à plusieurs centres de puissance cherchant simultanément à l'intégrer à leur espace économique.

Les États-Unis proposent un accès conditionnel à leur marché, fondé sur l'alignement institutionnel et normatif. La Chine, à l'inverse, ouvre largement le sien, privilégiant la continuité des flux commerciaux et la sécurisation des approvisionnements.

Deux logiques distinctes, mais un même objectif : structurer l'orientation économique du continent. Cette situation crée une opportunité historique autant qu'un risque majeur. L'opportunité tient au retour du choix.

Pendant des décennies, les économies africaines ont évolué dans un cadre international où les marges de négociation étaient faibles. Désormais, la concurrence entre partenaires extérieurs réintroduit un espace de décision stratégique. Le risque, lui, réside dans une substitution de dépendance. Passer d'un centre à un autre ne constitue pas une émancipation. Une économie organisée uniquement pour exporter des matières premières vers un nouveau débouché reste une économie périphérique, quel que soit le partenaire concerné.

La question centrale n'est donc pas de choisir entre partenaires, mais de définir les conditions de la relation. L'Afrique doit transformer la rivalité extérieure en levier intérieur. Cela suppose d'abandonner une logique d'accès pour adopter une logique de transformation : conditionner les accords commerciaux à la localisation de la valeur ajoutée, lier l'exploitation des ressources à l'industrialisation locale, coordonner les politiques régionales afin d'éviter la mise en concurrence des États africains entre eux. Autrement dit, ne plus négocier des volumes, mais négocier des structures productives. Dans un monde organisé en blocs économiques, la souveraineté ne consiste pas à s'isoler mais à devenir indispensable. L'Afrique dispose pour cela d'un atout déterminant : elle est l'un des derniers espaces où la structure industrielle mondiale reste à écrire.

Si elle exporte séparément vers chaque puissance, elle restera dépendante de toutes. Si elle transforme pour plusieurs marchés concurrents, elle deviendra arbitre. Le véritable enjeu du XXIe siècle n'est donc pas l'intégration de l'Afrique dans la mondialisation, mais la capacité du continent à influencer sa forme. Car dans un ordre multipolaire, la puissance n'appartient plus seulement aux plus forts. Elle appartient à ceux dont personne ne peut se passer.

Émancipation financière

Dans un ouvrage publié en 2023*, je mettais déjà en exergue la nécessité pour la RDC et, plus largement pour l'Afrique, d'assainir son système bancaire, de le convertir aux normes internationales et de sortir ainsi de la « zone grise », afin de restaurer la confiance auprès des investisseurs extérieurs. Cette « zone grise » signifie, pour le pays concerné, une « mise sous surveillance renforcée », décision prise sous l'autorité du GAFI. Le Groupe d'Action Financière est en effet l'organisme de surveillance chargé de préserver l'intégrité du système financier mondial. Sa démarche ne consiste nullement à « punir » mais bel et bien à alerter les États et à les guider vers des mesures opérationnelles synonymes de mise en conformité. C'est à ce prix qu'il est alors possible de renforcer son attractivité et de restaurer sa crédibilité à l'international.

Dans cette optique, je développais donc la proposition d'une vaste réforme des banques centrales ainsi que de la mise en place d'une institution de supervision continentale, une Haute Autorité de Contrôle Prudentiel capable de les accompagner dans cette conduite du changement.

Ce prérequis demeure et représente pour l'Afrique, un véritable enjeu stratégique, à la fois d'autonomisation financière et de crédibilité accrue.

Un seul exemple, tiré d'un constat relativement récent : depuis quelques années, plusieurs banques françaises font le choix de quitter progressivement le marché africain. Différents facteurs expliquent ce mouvement, en particulier des marges jugées insuffisantes au regard du risque ou des normes prudentielles toujours plus exigeantes. Ce désengagement fragilise bien entendu les systèmes bancaires locaux et réduit les possibilités de financement de l'économie. Dans le même temps, des institutions bancaires chinoises ou arabes prennent, elles, le parti d'avancer, de sécuriser des actifs et de tisser de nouvelles alliances, estimant que l'Afrique constitue l'un des derniers grands marchés bancaires à conquérir, une « proie » séduisante avec moins de 45% de la population globale actuellement détentrice d'un compte.

Mais plusieurs banques africaines l'ont également bien compris, pouvant se prévaloir d'une parfaite connaissance des réalités domestiques, d'une certaine agilité et d'une implantation panafricaine potentiellement précieuse. Dit autrement, le retrait occidental du paysage financier et bancaire africain peut paradoxalement représenter une opportunité. Afin de transformer l'essai et de pouvoir conquérir une réelle autonomie dans la définition des règles du jeu en Afrique, sans en laisser le soin à d'autres acteurs étrangers, c'est bien aux autorités politiques d'agir. En mobilisant des leviers puissants : instaurer des régulations adaptées, développer des instruments publics de garantie ou adopter résolument une politique industrielle bancaire tournée vers les PME.

La remarque est d'autant plus fondée que si le Continent est une terre bénie des Dieux, l'abondance de ses sols ne se traduit ni par la prospérité de ses peuples, ni par l'autonomie de ses États. La montagne d'or semble s'être transformée en chape de plomb, à mesure que les grandes puissances industrielles imposaient leur voracité extractrice, la Chine, en particulier, apparaissant aujourd'hui comme un acteur omniprésent, qui achète, extrait et transporte, loin de toute logique de développement local. Pour l'Afrique, la question est simple à formuler mais ô combien difficile à résoudre : comment reprendre le contrôle ? À moins de considérer que son destin la condamne à demeurer *ad vitam* un gisement brut à ciel ouvert, l'objectif doit consister, à l'inverse, à la transformer en cœur stratégique de la transition énergétique mondiale, dans son propre intérêt et en définissant ses propres règles.

Depuis l'indépendance, les ressources naturelles africaines ont paradoxalement trop souvent aggravé les inégalités, financé des élites corrompues et intensifié sa dépendance vis-à-vis de partenaires extérieurs. Trois failles majeures expliquent sans doute un constat à ce point amer : une gouvernance défaillante et une captation des rentes par des autocrates locaux, une désindustrialisation précoce que les politiques d'ajustement structurel conduites dans les années 1980-90 ont accélérée, et une structure de dépendance néocoloniale, aujourd'hui perpétuée sous une forme différente par de nouveaux acteurs.

Le cas chinois est emblématique. Son approche est résolument fondée sur un pragmatisme à la lisière du cynisme : infrastructures contre ressources, routes, barrages, hôpitaux contre pétrole, cuivre, bois et terres agricoles. Une stratégie attractive à court terme, mais biaisée par des prêts opaques adossés aux ressources naturelles comme autant de garanties, un déficit de création d'emplois locaux, des transferts de savoir-faire faméliques et des conditions environnementales et sociales (extrêmement) laxistes.

La Chine, soulignons-le, n'est pas seule en cause. L'Occident a pratiqué ces mêmes méthodes pendant des décennies. La différence ? Pékin avance largement masquée sous le vernis du « partenariat Sud-Sud » et d'une rhétorique anti-occidentale qui trouve, on l'a déjà dit, un écho évident sur le Continent.

Face à cette mécanique implacable, l'Afrique doit cesser de quémander ou de subir et poser ses conditions afin de valoriser stratégiquement ses ressources. Plusieurs leviers peuvent y contribuer.

La première urgence, bien entendu, est de rompre avec l'exportation de matières brutes. Il faut imposer, par la loi, la transformation sur place de toute ressource extraite : raffineries, usines de traitement, fonderies… Vertus d'un tel parti-pris : des créations d'emploi, des compétences locales boostées et une montée en puissance de la valeur ajoutée captée par le pays. Une conviction : cette « nouvelle donne » ne pourrait que stimuler une ambition industrielle inédite confortée par des incitations fiscales, favorisant en outre des investissements – y compris ceux issus de la diaspora – dans les infrastructures énergétiques et logistiques ainsi qu'un soutien aux PME africaines impliquées dans les filières extractives.

On l'a peut-être oublié, mais l'Histoire a déjà révélé des changements de paradigme à ce point radicaux, même si chaque expérience découle bien entendu d'un contexte particulier.

Souvenons-nous par exemple de l'exemple sud-coréen, qui voit une nation essentiellement agricole, accéder au statut de puissance technologique, influente sur la scène internationale. Et que dire de l'Inde, berceau d'une mutation numérique spectaculaire qui s'impose comme un géant économique du temps présent ? Même s'il s'agit évidemment de bien distinguer ces modèles, on observe toutefois plusieurs « recettes » qui leur sont communes : l'impulsion politique d'un État stratège, le poids d'investissements massifs et fléchés, le parti-pris résolu de l'éducation et de l'investissement dans le capital humain, ainsi qu'une capacité rapide à s'adapter aux marchés mondiaux.

À cela, s'ajoute un autre paramètre, essentiel, que l'on pourrait qualifier « d'exigence contractuelle », autrement dit l'attention portée au contenu des partenariats et de l'équilibre à instaurer, en particulier à travers des transferts de technologie ou la formation obligatoire de personnels locaux afin d'organiser leur montée en compétences. Dans le cadre d'une joint-venture internationale, ce type de clause permet en effet d'établir les conditions d'un contrat « gagnant-gagnant » : d'un côté, la pénétration d'un marché et l'accès à ses matières premières, de l'autre l'accès plus rapide à un savoir-faire intellectuel et technologique au service d'une autonomisation progressive.

C'est bien cette voie que l'Afrique doit emprunter, porteuse d'une stratégie continentale coordonnée. Objectifs visés ? À la fois, harmoniser les codes miniers et énergétiques, créer – osons ce concept – un « OPEP africain des minerais stratégiques » pour réguler la production, fixer des prix planchers et maîtriser les exportations mais aussi, prendre appui sur la ZLECAf afin d'intégrer les chaînes de valeur entre pays africains.

On le voit : dans le modèle qui se dessine ici, les États deviennent les véritables actionnaires de leurs propres ressources, fondés notamment à renégocier les contrats léonins conclus hier sous la contrainte ou… la corruption.

Menée à bien, cette révolution structurelle irait donc de pair avec une bascule éthique dont nul ne doit sous-estimer l'impact : transparence budgétaire et publication des revenus extractifs mais aussi participation citoyenne et contrôle des revenus issus des ressources.

Le parti-pris du non-alignement repose sur des relations contractuelles rééquilibrées, intégrant impérativement un puissant volet local ainsi, naturellement, qu'une participation africaine au capital. Et parce que, doit cesser ce que certains ont qualifié non sans raison de « logique de duperie », la remise à niveau du rapport de force impliquerait aussi de stopper l'octroi de garanties souveraines sans contrepartie industrielle véritable.

Loin de toute fiction, le scénario ici décrit pourrait constituer pour le Continent, une « feuille de route » aussi inédite que pertinente s'inscrivant avec force dans un mouvement d'émancipation à l'égard des bailleurs internationaux.

La démarche ainsi déployée trouvera d'ailleurs sa pleine expression dans une logique de diversification des partenariats, à distance d'accords bilatéraux par trop asymétriques : dans un monde multipolaire où les cartes du possible sont rebattues, il convient de privilégier une négociation avec plusieurs puissances à la fois, les BRICS, l'Europe, les Etats-Unis mais aussi les pays du Golfe ou la Turquie désignant des interlocuteurs potentiels, pourvu que le cahier des charges commun soit … africain.

L'affirmation de cette autonomie continentale, on le voit, n'est nullement synonyme de repli mais à l'inverse d'une ouverture dont les termes doivent être en revanche redéfinis. De fournisseur bon marché, l'Afrique doit accéder au statut d'acteur économique incontournable.

Dans cette logique, construire un financement endogène du développement africain représente, bien entendu, une brique majeure de l'édifice.

Cotation

Bien que l'Afrique fournisse plus de 60 % du cobalt, 40 % du manganèse, 30 % du bauxite ou encore une grande partie du cacao mondial, c'est bien à Londres, à New-York, à Paris ou à Shanghai, loin des lieux de production, que sont fixés les cours de ces matières premières.

La cotation « à distance » signifie que ce sont les marchés internationaux qui décident des revenus des pays africains exportateurs, selon des processus généralement spéculatifs et déconnectés des besoins locaux. Cette logique d'emprise est aggravée par le faible niveau de transformation sur place, par l'influence d'intermédiaires étrangers ainsi que par l'absence regrettable d'instruments africains de couverture contre la volatilité des prix. Résultat : l'impossibilité pour les nations africaines de planifier leurs recettes budgétaires, de mobiliser des financements stables et de renforcer, ainsi, la valeur ajoutée domestique.

En résumé

L'Afrique campe sur une position peu enviable qui la voit exporter des richesses et importer des coûts …

Dans cette perspective, la création d'une ou plusieurs bourses africaines de matières premières représente un chantier stratégique pour l'émancipation financière et économique du continent. Une telle bourse permettrait à la fois aux États africains et aux entreprises minières, agricoles et énergétiques, de coter leurs productions selon des mécanismes transparents, intégrant leurs propres coûts, conditions de production et réalités logistiques.

Elle servirait en outre de référence pour la négociation des contrats d'exportation, réduisant l'asymétrie actuelle avec les acheteurs internationaux. Plusieurs initiatives régionales ont vu le jour, bien que souvent modestes et limitées à un nombre réduit de produits. Le manque d'une vision continentale est patent.

C'est pourquoi la création d'une bourse panafricaine des matières premières, adossée à des institutions crédibles comme la ZLECAf ou la Banque Africaine de Développement (BAD), pourrait changer sensiblement la donne. En effet, cette nouvelle entité assumerait un triple rôle : économique (valorisation locale), politique (souveraineté) et stratégique (stabilisation des revenus). Elle contribuerait, de surcroit, à structurer un véritable écosystème financier africain, plus robuste et plus fiable : banques de négoce, chambres de compensation, agences de notation et assureurs africains.

Une telle approche contribuerait à (l'indispensable) rétention des capitaux sur le continent, à son attractivité et, bien entendu, au financement endogène du développement.

Un fait est clair : pour aboutir, un tel projet devra surmonter plusieurs défis, de l'harmonisation règlementaire à la fiabilité des données de production. Il devra aussi convoquer cette vision politique partagée, cette unité institutionnelle, qui, quoi qu'on en dise, constitue bien la colonne vertébrale d'un lendemain ambitieux.

On le voit, ce dont il est question ici, dépasse clairement l'installation d'un simple « outil financier » : c'est un projet de souveraineté politique et économique qui émanerait d'une telle dynamique, avec un Continent apte à maîtriser (enfin) la valeur des richesses issues de ses propres terres, à contrôler leur commercialisation et à orienter leur exploitation, au service de sa propre expansion.

En clair, on parle bien de la composante essentielle d'un dispositif politico-économique destiné à attirer des financements, à stabiliser les recettes publiques et à favoriser une industrialisation plus inclusive : en un mot, à se donner des marges sans précédent, synonymes d'une indépendance qui s'affirme et d'une voix qui porte.

Seul le lancement de cette impulsion vertueuse pourra redéfinir les termes d'un avenir africain, devenu enfin conquérant.

Et l'on perçoit, dès lors, les marges de manœuvre considérables que la BAD pourrait mobiliser, raisonnant et agissant à une autre échelle, assumant des investissements ciblés, notamment en direction de l'industrie, des PME africaines et, bien entendu, de l'éducation.

L'Afrique ne manque ni de talents, ni d'appétit, ni même d'espoir. Le peuple africain est un formidable creuset dans lequel il convient de puiser pour détourner l'avenir de ces désolations récurrentes qui l'accablent depuis trop longtemps : non, la pauvreté, la duplicité ou l'exploitation ne sont pas des fatalités. Se lever, agir, ne pas se laisser aveugler par l'immensité du défi. Changer le regard que le reste du monde porte sur l'Afrique, qu'il vole à son secours ou qu'il la pille. Inaugurer le temps du respect mutuel et de l'intérêt réciproque. En n'oubliant jamais Léopold Sédar Senghor pour qui « *L'orgueil d'être différent ne doit pas empêcher le bonheur d'être ensemble* » …

Washington 2025 : La Paix comme Infrastructure de Souveraineté

En décembre 2025, Washington a accueilli la signature d'un accord qui, pour la première fois depuis trois décennies, ambitionne de transformer un espace de conflit en un espace d'intégration régionale. Ce moment diplomatique nécessite une lecture approfondie.

L'accord signé à Washington en décembre 2025 entre la République démocratique du Congo et le Rwanda n'est pas un simple document diplomatique. Il n'est pas davantage un artifice protocolaire ou une parenthèse rassurante dans le tumulte des rapports de force africains. Ce moment marque une rupture conceptuelle. Il inaugure une manière nouvelle de concevoir la souveraineté sur le continent, en articulant l'impératif sécuritaire et l'impératif économique dans une seule et même architecture. Et c'est bien cette articulation – rarement assumée, presque jamais portée au rang d'acte fondateur – qui mérite qu'on l'examine dans toute sa profondeur.

Pendant plus de trois décennies, l'est de la RDC a été enfermé dans une spirale à la fois cruelle et absurde où l'insécurité alimentait la misère ; où la misère alimentait l'économie informelle ; où l'économie informelle finançait la violence. Les minerais stratégiques devenaient des armes, les populations des otages, les frontières des fractures. L'accord de Washington vient briser ce cercle vicieux en reconnaissant que la reconstruction économique ne peut pas précéder la paix, pas plus que la paix ne peut précéder la reconstruction : les deux doivent naître ensemble, sous peine de n'être que des illusions juxtaposées.

Le texte signé ne tente donc pas de suspendre les affrontements pour un temps ; il cherche à dissoudre l'écosystème même de la guerre. Cela peut paraître ambitieux, presque présomptueux, et pourtant c'est la première fois, depuis des décennies, que cette logique est assumée. Cet accord reconnaît qu'une paix dépourvue de justice économique est condamnée à l'érosion ; qu'une prospérité détachée de la stabilité politique est condamnée à la prédation ; et que ce n'est pas la géographie qui crée la guerre, mais l'absence de structures capables d'ordonner les rapports humains et d'arbitrer les intérêts. Washington introduit enfin ce que l'Afrique n'avait jamais inscrit dans un traité : la souveraineté comme infrastructure.

Ce n'est pas un hasard si cet événement intervient à Washington. La capitale américaine n'est pas neutre dans cette histoire. Elle symbolise, depuis un siècle, la production normative du monde ; elle incarne, avec ses ambiguïtés et parfois ses contradictions, un certain modèle d'organisation politique et économique que les nations ne peuvent ignorer. Le fait que cet accord soit signé dans ce lieu n'implique pas une dépendance, mais révèle une maturité. Ce n'est pas une solution importée : c'est l'expression d'une volonté africaine qui accepte de se confronter au regard du monde, non pour lui demander son approbation, mais pour affirmer que l'Afrique ne s'écartera plus de l'histoire universelle.

Ce moment est d'autant plus significatif que le texte consacre ce que beaucoup n'avaient jamais pensé concevoir ensemble : la paix cesse d'être un événement négatif – l'arrêt des armes – pour devenir un état positif – l'organisation de la justice. Dans l'histoire africaine contemporaine, la paix était souvent définie comme un instant fragile, provisoire, suspendu à la bonne volonté des acteurs ou des puissants sponsors extérieurs. Washington introduit autre chose : la paix comme ordre, comme structure, comme projet. Elle est justifiée non par l'épuisement des combattants, mais par la certitude qu'aucune souveraineté africaine ne peut exister si les frontières internes restent les zones grises de la violence.

Cette idée est au cœur de la phrase de Nelson Mandela, qui résonne aujourd'hui comme un principe géopolitique autant que moral : « *La paix n'est pas seulement l'absence de guerre ; elle est la présence d'une justice qui permet aux nations d'écrire leur destin.* » On a souvent cité Mandela comme une icône morale, mais rarement comme un architecte de souveraineté. L'accord de Washington lui donne une actualité saisissante : il montre que la justice n'est pas une émotion ni un idéal abstrait, mais une institution, un mécanisme de transparence, une confiance qui se bâtit et se vérifie.

Washington n'est pas un miracle. Ceux qui espèrent un changement instantané seront déçus. La violence ne disparaîtra pas par décret, pas plus que les logiques mafieuses ne seront dissoutes par la seule vertu d'une signature. Mais les grandes transformations de l'histoire n'ont jamais été des événements ; elles ont toujours été des processus. Cet accord n'est pas une récompense ; c'est une méthode. Il ne promet pas la paix ; il ouvre la possibilité d'organiser sa naissance. Il ne supprime pas les obstacles ; il introduit l'exigence d'y faire face.

La portée de cet accord dépasse largement la relation entre Kigali et Kinshasa. Il sert de test grandeur nature à la capacité africaine de produire une souveraineté autonome. Pendant longtemps, la souveraineté a été proclamée, revendiquée, parfois théâtralisée, mais rarement administrée. Washington rappelle que la souveraineté n'est pas un pavillon que l'on déploie, mais un système que l'on construit. Elle demande des institutions, une culture du compromis, une capacité à transformer les ressources du sol en valeur pour l'homme, une transparence dans les échanges, une sécurité qui protège les frontières et les vies.

Il faudra du temps pour mesurer les effets de cet accord. Peut-être échouera-t-il, et il faudra alors en analyser les causes. Peut-être réussira-t-il et alors, il deviendra une bascule, un précédent, une référence pour les générations futures. Mais dans tous les cas, une évidence demeure : l'Afrique ne pourra jamais devenir une puissance d'équilibre si elle continue d'être divisée par ses propres fractures. Elle ne pourra jamais être souveraine si elle ne pacifie pas ses territoires. Elle ne pourra jamais participer à la définition des règles du jeu mondial si elle ne montre pas qu'elle peut administrer efficacement les siennes.

En réalité, ce moment n'appartient pas aux diplomates qui ont signé le texte ; il appartient aux générations qui viendront après eux. L'Accord de Washington ne transforme pas seulement un conflit régional ; il change l'imaginaire africain. Il montre que l'Afrique n'a pas à être l'objet des relations internationales, mais peut en devenir l'auteur. Il affirme que le continent n'est pas condamné à survivre, mais peut prétendre à exister.

Et si l'Afrique veut écrire son destin dans un monde multipolaire, elle devra s'engager dans cette voie : non pas celle des proclamations, mais celle des constructions ; non pas celle des promesses, mais celle des institutions ; non pas celle de l'émotion, mais celle de la justice. Washington en est la première esquisse.

L'accord de Washington ouvre une brèche intellectuelle et stratégique : il démontre que la souveraineté africaine ne sera pas le produit d'un discours, mais celui d'institutions, d'infrastructures et d'intégration régionale. Cette perspective pose une question fondamentale : quels modèles de gouvernance, de régulation et de capital politique l'Afrique doit-elle inventer pour convertir ce potentiel en réalité ? C'est l'objet du chapitre suivant.

Chapitre 6

Malaïka, l'Afrique intime et universelle

Une métaphore géopolitique d'un continent en quête de dignité

Malaïka. Un petit village rural situé à Lubumbashi dans la province du Haut-Katanga, au sud-est de la RDC.

Malaïka signifie « ange » en swahili.

C'est là que ma Fondation soutient un orphelinat de jeunes filles auxquelles le destin a infligé la terrible épreuve d'une enfance privée de l'amour parental. Cette institution, située au cœur d'un territoire où le soleil imprime souvent une lumière sublime, accueille des enfants âgés de seulement quatre ans et peut les voir grandir jusqu'à leur majorité, leur offrant un confort matériel et psychologique susceptible, malgré tout, de leur dessiner un avenir enviable.

Esther en est pensionnaire depuis plusieurs années. Du haut de ses 13 ans, elle vous regarde avec ses grands yeux noirs dans lesquels se mêlent à la fois la trace de l'adversité et celle d'une volonté puissante.

A l'occasion d'une visite sur place et profitant d'un moment apaisé, j'avais noué la conversation avec cette jeune fille. Elle m'avait dépeint un parcours cabossé, la violence qui frappe au cœur d'un environnement familial déjà déstructuré, ses passages précaires en des lieux successifs qui rythment un cheminement chaotique et installent l'angoisse dans un si jeune esprit. Et puis la tristesse, ce sentiment de solitude qui vous leste implacablement et semble suggérer que les Dieux vous ont abandonnés, si tant est qu'ils n'aient jamais pris acte de votre naissance…

Esther m'a décrit tout cela, avec ses mots, avec sa force, avec ses larmes.

Son agilité intellectuelle m'avait immédiatement frappé : des termes choisis, des silences qui révèlent une intense activité mentale, une curiosité nullement feinte qui appelle des réponses précises pouvant d'ailleurs faire naître un timide sourire lorsqu'elles le sont.

Esther m'a interrogé, sur mon engagement, sur les actions que je déploie et surtout, sur l'espoir qui, jamais, ne m'abandonne. On pourrait croire qu'un parcours à ce point tourmenté altère prématurément toute forme d'espérance chez une personne si jeune. J'ai compris très vite qu'il n'en était rien. « Je suis comme le Congo, Monsieur » (je m'évertuais à lui demander de m'appeler par mon prénom, mais pour Esther, j'étais « Monsieur » ...).

- « Comment ça, comme le Congo ? »
- « Oui, le Congo a besoin de solidarité mais grâce à la solidarité, le Congo va grandir, il va surprendre et demain, il sera fier ».
- « Esther, je suis sûr que tu auras toi-aussi, toutes les raisons d'être fière quand tu seras devenue grande. Et tu peux l'être, dès à présent, car ce que tu as déjà accompli démontre ton incroyable potentiel ».

Esther m'écoutait attentivement, sans commenter, mais en rebondissant sans cesse, ce qui démontrait, de fait, qu'elle validait mes propos. Esther semblait particulièrement concentrée sur cette notion de « solidarité », transformée en une sorte de fil rouge de notre conversation. Et la jeune fille passait avec aisance de l'évocation de son propre cas à celui de son pays, comme si, faute d'avoir pu se référer à des parents partis trop vite, elle se rattachait à sa terre natale.

- « Mais, Monsieur, pourquoi les pays riches dépenseraient-ils leur argent pour aider des pays pauvres comme le nôtre ? » (L'espace d'un instant, et avant de chasser cette terrible pensée, je me surpris à songer qu'elle raisonnait un peu comme Donald Trump ...)

J'ai répondu à Esther en lui parlant d'abord de valeurs, de ce combat civilisationnel qu'il appartient à chacun de mener afin de vivre dans un monde tout simplement plus fraternel où la paix et l'attention à l'autre désignent de vrais enjeux. Mais je lui ai dit aussi que tout ne repose évidemment pas sur l'altruisme : combattre les pandémies, la violence faite aux femmes, la répression des minorités ou les effets du réchauffement climatique, c'est aussi, pour les pays riches, créer les conditions d'une plus grande stabilité géopolitique, nécessairement positive sur le plan économique et commercial. L'insécurité alimentaire, par exemple, demeure un terrible fléau en Afrique, qu'exacerbent notamment les conflits armés. L'éradiquer reviendrait à créer un espace d'échanges dont il est évident que chaque acteur engagé sur la scène internationale pourrait potentiellement tirer profit. Surtout, j'ai précisé à Esther que contrairement à une idée souvent diffusée à tort, la mise en place de programmes liés à l'aide au développement aboutit à de vrais résultats : la Banque mondiale a ainsi rappelé que le pourcentage de personnes vivant sous le seuil d'extrême pauvreté est passé, dans le monde, de 38% de la population globale en 1992 à 8,5% trente ans plus tard.

Et puis j'ai insisté sur un point fondamental, sans doute la « mère de toutes les batailles » : l'éducation. Face à cette jeune fille avide de connaissance, c'est bien ce défi là qu'il fallait mettre en avant, moins pour la convaincre que pour la conforter …

Éduquer

L'éducation ne se résume pas à la transmission de savoirs : elle est à l'épicentre de toute construction sociétale productive. Car éduquer une population, c'est lui donner la possibilité de s'adapter au changement et de maîtriser les leviers – technologiques notamment – d'un monde du travail en mutation. L'éducation est donc bien un facteur déterminant dans l'intégration de chaque individu à la vie collective et, par conséquent, dans la lutte contre les inégalités sociales.

En Afrique, des avancées ont été rendues possibles dans plusieurs pays, notamment grâce à une intensification de l'apprentissage par compétences et à un meilleur suivi statistique du système éducatif.

Mais les marges de progression demeurent immenses : un jeune Africain sur quatre n'est ni scolarisé, ni formé ni employé.

En avril 2025, le deuxième rapport de suivi de la « Stratégie continentale de l'éducation pour l'Afrique » et de « l'Objectif de développement durable 4 » a été publié conjointement par l'UNESCO, l'UNICEF et l'Union africaine. Intitulé « Transformer l'apprentissage et le développement des compétences en Afrique », il souligne des progrès trop relatifs, avec certes, 75 millions d'enfants scolarisés en plus par rapport à 2015 mais plus de 13 millions supplémentaires absents du système éducatif…

Infrastructures insuffisantes, déficit de personnels éducatifs formés, programmes souvent inadaptés : considérables sont les handicaps à surmonter pour le monde éducatif africain. S'y ajoutent, bien entendu, le coût que représente la scolarisation des enfants pour de nombreuses familles pauvres, ainsi que les conflits ou pandémies qui, malheureusement, condamnent souvent à la migration et rendent impossible un parcours linéaire à l'école.

Dans ce contexte, l'investissement dans l'éducation désigne bien entendu un défi majeur qui appellerait, de l'Afrique, un véritable « Plan Marshall » tant cet enjeu est consubstantiel à l'objectif même de souveraineté. À quoi bon parler de percées technologiques, d'indépendance industrielle voire de transferts d'expertises si le Continent ne se donne pas les moyens de faire fructifier le tout en mobilisant une population suffisamment formée et capable de maîtriser les leviers fonctionnels associés à de telles évolutions ?

Évoquer la « mère des batailles » quand on soulève un tel sujet n'a donc rien d'excessif. Le constat est d'autant plus fondé que les États africains n'assument globalement pas l'effort budgétaire indispensable (et promis) : le rapport démontre ainsi que l'Afrique investit moins dans l'éducation aujourd'hui qu'il y a dix ans et évalue le déficit annuel moyen, en la matière, à 77 milliards de dollars. Disparités sociales et sexuées sont considérables, lestant l'avenir des peuples et celui de l'Afrique tout entière.

Dès juin 2024, l'Unesco avait d'ailleurs publié une étude particulièrement éclairante, intitulée « Le coût de l'inaction ». Titre évocateur que justifie un constat sans appel : le rapport démontre à quel point l'abandon scolaire et le renoncement dans l'éducation grèvent directement le budget des États. Quand l'Afrique subsaharienne concentre à elle-seule, près d'un tiers des 250 millions d'enfants déscolarisés dans le monde, on mesure ainsi à quel point le sous-développement nourrit le sous-développement. Dit autrement, l'éducation ne doit jamais être considérée comme un simple « poste » dans le budget d'une nation, mais bel et bien, un investissement, aussi rentable qu'essentiel.

Démonstration limpide intégrée à ce rapport : en parvenant à réduire de 10% le taux actuel de déscolarisation en Afrique tout en renforçant d'autant la qualité des enseignements, le Continent pourrait reconquérir 1 à 2 points de PIB. Conclusion : quand les gouvernements « oublient » leurs promesses et négligent l'effort nécessaire en faveur de leur propre système éducatif, ils ne se rendent pas seulement coupables d'une faute morale mais aussi d'un non-sens économique absolu.

Les grands axes d'une politique éducative pertinente sont connus : un suivi extrêmement rigoureux des données disponibles afin d'ajuster chaque stratégie au fil de l'eau, pour bien orienter les ressources et aides existantes ; un renforcement de la coordination des politiques éducatives entre échelon local, national et continental afin d'optimiser les moyens disponibles et de mieux tenir compte de besoins territoriaux ; assumer des programmes expérimentaux et novateurs au niveau local afin de concevoir des réponses « sur-mesure » ; mettre dès à présent l'accent sur les nouvelles technologies et l'IA, non seulement parce que celles-ci facilitent la transmission des savoirs mais aussi parce qu'il est essentiel d'y former les jeunes appelés à entrer demain sur le marché du travail. S'y ajoutent bien entendu le levier essentiel de l'apprentissage pour les élèves mais aussi l'amélioration de la formation des personnels enseignants, souvent en retard par rapport à l'ensemble de tels enjeux.

Le « menu » semble dense mais qu'on mesure bien son impact pour tout gouvernement qui assumerait – vraiment – de s'y attaquer.

Silicon Valley

Jean-Pierre Latere. Né à Lubumbashi, il a grandi à Kinshasa où il était scolarisé, au Collège Boboto. Lui, contrairement à tant de ses camarades, a pu poursuivre de brillantes études scientifiques en Europe et aux Etats-Unis. Son fait d'arme ? Pour la première fois, un Africain, enfant de RDC, conclut une opération de fusion acquisition de sa start-up « EsoBiotec » avec le groupe pharmaceutique suédo-britannique Astrazeneca. Coût de cette transaction : un milliard USD. Une incroyable réussite pour le créateur de cette entreprise spécialisée dans le domaine de la thérapie cellulaire in vivo.

Formidable fierté pour un pays, pour un Continent, qui n'ont pas vraiment l'habitude de côtoyer les sommets de la biotech mondiale. Coup de tonnerre sans précédent, qui devrait susciter la prise de conscience de chaque décideur politique sur place, en tant que preuve irréfutable : Oui, c'est possible ! Oui, le « génie africain » n'est pas une vue de l'esprit et mérite qu'on le soutienne. Cas isolé diront certains. Qu'ils en parlent aux patients atteints d'un cancer et que la recherche conduite par cette start-up sauvera peut-être. Et qu'ils démontrent que d'autres enfants africains ne pourraient pas, eux-aussi, faire jaillir de leur esprit des réponses audacieuses, des perspectives innovantes et ce, quel que soit le secteur considéré.

Écrire cela conduit à une double conclusion, comme nous l'avons déjà souligné : d'une part, seule, la conquête d'une autonomie financière accrue des États leur permettrait de mettre en place des plans pluriannuels d'investissement pour l'éducation, à-même d'accélérer les changements et de répondre à une pression démographique dont l'intensité va croître au cours des prochaine années ; d'autre part, entre souveraineté économique et décollage éducatif, il n'y a pas à « choisir » car on parle bien-là de deux piliers complémentaires et essentiels à cet éveil africain que nous appelons de nos vœux.

Exprimer toute sa gratitude à Jean-Pierre Latere. Pas seulement pour son exceptionnelle réussite. Mais aussi pour le message d'espoir et de conquête que celle-ci véhicule.

Et, tirant ce fil, on se prend à imaginer, demain, une « Silicon Valley » version africaine …

Des priorités, des conditions

Dès lors, comment ne pas évoquer à nouveau les « High 5 », ces cinq piliers mis en avant par la Banque africaine de développement ? L'éducation y occupe évidemment une place centrale, côtoyant d'autres défis à relever, d'autres Annapurna à franchir.

Si l'on ne peut qu'adhérer au diagnostic global, observons néanmoins que de tous ces enjeux identifiés avec pertinence par la BAD n'ont jamais surgi un vrai « mode d'emploi », faute d'une stratégie de financement coordonnée et à la mesure de l'ensemble.

Les conditions, on y revient, sont connues. Elles impliqueraient de s'attaquer de front à l'unité politique, synonyme de paix et de poids accru dans les négociations internationales, ainsi qu'à la réforme des institutions africaines, pour une souveraineté accrue y compris et financière.

Car le potentiel est là, dans l'essentiel des cas. Prenons l'exemple ô combien emblématique de l'électrification. Aujourd'hui, près d'un Africain sur deux n'a pas accès à l'électricité et le Continent vit au rythme de pannes de réseau quasi-quotidiennes, sources de coupures délétères à l'hôpital ou à l'école, et engendrant en outre des baisses de productivité tout simplement monumentales. L'Afrique dispose paradoxalement d'atouts évidents dans les secteur solaire, géothermique et hydraulique notamment, un pays comme la RDC illustrant avec puissance un tel constat. Mais, comme nous l'avons vu, l'apport indispensable d'investissements internationaux demeure insuffisant, les candidats éventuels renonçant souvent face à la précarité du système économique et financier, à l'instabilité politique ainsi qu'à l'obsolescence des infrastructures actuelles. Si de nombreux programmes ont été lancés au fil des années, censés « électrifier l'Afrique », ils révèlent des bilans contrastés, en-deçà des objectifs affichés et confirment surtout, sur ce point comme sur tant d'autres, que l'Afrique doit d'abord assumer ses propres réformes, pour tirer pleinement profit à la fois de ses forces et des soutiens extérieurs dont elle peut bénéficier.

La remarque s'applique à un autre défi existentiel : nourrir les peuples du Continent.

En avril 2025, mon ami George Arthur Forrest, a publié un ouvrage extrêmement éclairant « L'Afrique peut nourrir le monde » (éditions Le Cherche Midi), dont le titre apparemment provocateur affiche en fait une réalité tangible. L'auteur, dont l'incroyable parcours au cœur d'une saga familiale unique semble épouser intimement le destin de cette RDC qu'il connaît si bien, décrit avec brio une contradiction insupportable : un Continent riche de terres fertiles et abondantes, une main d'œuvre jeune, un climat porteur et pourtant ... plus de 35 milliards de dollars d'importations annuelles de biens alimentaires et une population dont un quart n'est toujours pas correctement nourrie. Face à ce constat terrible, il livre un plaidoyer aussi documenté que convaincant, tel un appel lancé – en particulier – à tous les dirigeants africains, afin de les convaincre que l'autosuffisance alimentaire du Continent n'est pas seulement une urgence mais également une ambition accessible, à condition de mener à bien les transformations structurelles nécessaires.

Dès octobre 2022, dans une autre livre intitulé « Un siècle de rêves » il appliquait un tel objectif à la République démocratique du Congo. Si la RDC ne cultive actuellement qu'un gros pour cent de ses terres, ce qui la rend vulnérable à la moindre crise susceptible d'atteindre de plein fouet sa distribution alimentaire domestique, elle n'en possède pas moins des cartes décisives dans son jeu, qui devraient faire de son agriculture, l'une des plus riches et des plus autonomes au monde.

J'aime, chez cet homme, à la fois l'esprit de conquête et le pragmatisme. Je partage totalement sa vision d'une Afrique tonique et capable, enfin, de repenser radicalement les termes de son propre devenir. Et chaque jour qui passe, je ressens dans ma chair, ce besoin d'action et de réforme, dont mon pays natal, la République démocratique du Congo, pourrait être le théâtre tout désigné, dans un statut assumé à la fois de force pionnière et de locomotive.

Voilà, chère Esther, quelques convictions que j'ai tenté de partager avec toi.

Car je rêve d'un pays qui t'offrira demain, à toi et à toute ta génération, un avenir stimulant, le choix entre différentes trajectoires, la possibilité d'exprimer ton savoir, ton talent, ta créativité. Qui te permettra de rester si tu veux rester, de te déployer si tu veux voyager, mais qui toujours, fera naître en toi l'envie de revenir, avec la certitude d'y trouver ta place, d'y faire entendre ta voix de citoyenne et d'y imprimer ta marque, si tel est ton destin.

Oui, je rêve que le dépassement du chaos commence en RDC …

Chapitre 7

Un peuple, un avenir, un destin.

Se nourrir du chaos pour tracer sa propre trajectoire …

Août 2025 : Plusieurs milliers de personnalités venues du Continent convergent vers la capitale du Japon où se déroule le « Tokyo International Conference on African Development » (TICAD). Businessmen, décideurs politiques et économiques, financiers, rejoignent comme un seul homme cet énorme événement au cœur d'une ville qui me fascine, ruche humaine alliant le poids serein de la tradition et le rythme effréné de la modernité, quand tout semble sans cesse crépiter et s'accélérer.

Débats, tables-rondes, rencontres de haut niveau : les organisateurs ont conçu ce rendez-vous avec la volonté manifeste de souligner la détermination de leur pays à intensifier son investissement en Afrique pour y ouvrir un chapitre inédit dans la relation bilatérale.

Avec plusieurs autres intervenants sur place, nous dressons le même constat : le monde entier, Sud global compris, semble désormais convaincu que l'avenir de l'Humanité, pour partie au moins, s'écrira nécessairement en Afrique. Une remarque s'impose immédiatement à moi : si un tel moment est capable de mobiliser à ce point à des milliers de kilomètres du Continent, pourquoi le Continent ne serait-il pas, demain, la puissance invitante d'un espace de discussions ouvert à l'universel ? Et, bien entendu, tirant le fil d'une telle réflexion, c'est à la RDC que je pense spontanément …

Au cours de ce séjour japonais, je retire pourtant de mes nombreux échanges le sentiment ambivalent d'une République Démocratique du Congo dont chacun identifie l'exceptionnel potentiel tout en exprimant un doute. Un peu comme on évoquerait le cas d'un élève brillant mais malheureusement trop amorphe. L'enfant de Kinshasa que je suis, quitte le pays du Soleil levant avec ce goût un brin amer dans la bouche. Que le reste du monde n'aime pas ton pays avec la même passion que celle que tu ressens intimement n'a rien d'incongru ; mais qu'il en reconnaisse les atouts tout en semblant considérer qu'ils ne serviront jamais à l'écriture d'un destin enfin conquérant, me paraît tout simplement frustrant. D'autant que je n'ai ressenti nulle condescendance dans ces propos : juste un diagnostic implacable auquel j'aimerais, plus que jamais, que la RDC oppose à l'avenir, un démenti éclatant.

Un bilan

Écrire cela conduit, naturellement, à considérer sans concession le bilan d'une action politique. Je n'ai, en toute honnêteté, aucun goût particulier pour la controverse : celui qui exerce le pouvoir ne doit jamais se départir d'une immense humilité, mais celui qui le juge devrait toujours le faire avec prudence.

Disons-le : l'élection de Félix Tshisekedi, en janvier 2019, avait fait naître un réel espoir.

Depuis, comme pour toute œuvre humaine, le regard porté sur ces six années charrie son lot d'insatisfactions ou de regrets. Les critiques sont connues : une instabilité politique qui demeure, des réponses démocratiques et institutionnelles insuffisantes, l'opacité de certains accords militaires ou miniers avec des puissances étrangères ou encore la pauvreté et le chômage qui continuent de lester une jeunesse privée de son propre destin.

Cette période, c'est aussi le prolongement insoutenable du conflit qui ravage l'est de la RDC.

Trois décennies de violences et de combats, de drames humanitaires, de populations condamnées à des conditions d'existence insupportables et de violations caractérisées du droit international. Une épreuve absolue qu'il serait injuste de mettre au débit de l'actuel pouvoir mais le constat, néanmoins, d'une grande vulnérabilité militaire que ces dernières années n'auront pas vraiment endiguée …

Cette région regorge de minéraux stratégiques qui, de longue date, suscitent les convoitises et alimentent un pillage en règle. Depuis

2021, et au rythme de cessez-le-feu jamais respectés, le Mouvement du 23 mars (M23), soutenu par le voisin rwandais, a multiplié ses agressions sur place, s'emparant même successivement de Goma puis de Bukavu en 2024. Le bilan humain est terrible, se chiffrant en milliers de morts et en centaines de milliers de personnes déplacées et privées d'un foyer. Si le Rwanda n'a jamais reconnu son soutien au M23, les preuves existent bien, parfaitement documentées : ce monceau de duplicité qui sert de moteur à l'une des plus grandes tragédies du temps présent, est entretenu depuis trop longtemps par un immobilisme persistant – pour ne pas dire complice – de la communauté mondiale. En effet, via des réseaux officieux qu'il contrôle, le Rwanda contribue à « blanchir » les richesses ainsi dérobées et à les écouler sur différents marchés extérieurs, bafouant ainsi l'intégrité territoriale et économique de la RDC tout en bénéficiant d'une forme d'impunité. Car c'est un fait : les appels répétés de la communauté internationale au retrait du M23 mais aussi des 4000 militaires rwandais (selon l'ONU) qui le soutiennent sur le terrain, sont chroniquement restés jusqu'alors sans effet.

Les lignes ont pourtant bougé, on l'a vu à travers deux processus de paix intervenus coup sur coup à l'été 2025. D'un côté, un accord conclu à Washington le 27 juin, de l'autre la « déclaration de Doha » signée le 19 juillet. Le premier lie deux États, la RDC et le Rwanda, sur la base d'engagements précis alors que la seconde, sous l'égide du Qatar, acte un engagement mutuel entre le gouvernement congolais et le M23. Ces deux textes révèlent en fait des objectifs distincts. Côté qatari, l'accent est mis sur le conflit en tant que tel, circonscrit aux conditions d'une possible normalisation et à la gestion de tous les aspects qui y sont liés, sur les plan militaire, politique et humanitaire. Côté américain, le périmètre est plus vaste, posant la question sécuritaire selon une vision élargie qui intègre aussi le rôle futur des Etats-Unis dans cette zone géographique, en particulier dans le secteur minier. Et constat notable : à aucun moment le M23 n'est explicitement mentionné ...

Le « deal » élaboré par l'administration américaine prolonge en réalité et on l'a dit, la trop, la longue liste des accords prompts à transformer une paix négociée en « paix transactionnelle ». Ainsi, dans les années 2000, rappelons-le, les accords de paix signés à

Naivasha (2005) qui avaient mis fin à la guerre civile soudanaise, avaient déjà introduit des mécanismes de partage des revenus pétroliers entre le Nord et le Sud. La stabilité politique y était conditionnée à une exploitation encadrée – mais surtout partagée – des ressources. En Sierra Leone, la fin de la guerre civile fut suivie d'une reprise rapide de l'exploitation diamantifère, largement orchestrée par des intérêts extérieurs, au nom de la reconstruction. Quant à l'Angola, la fin du conflit en 2002 avait ouvert la voie à une explosion des investissements dans le secteur pétrolier, principalement offshore. Mais cette relance fut largement captée par une élite politico-économique, et surtout adossée à des mécanismes opaques de troc pétrole contre infrastructures, notamment avec la Chine. La paix y fut certes durable, mais la souveraineté économique est restée partielle, dépendant de la rente pétrolière et des conditions imposées par les créanciers.

Ces précédents révèlent une réalité dérangeante : une paix centrée non pas sur la souveraineté des peuples, mais sur la sécurité des flux extractifs. Aujourd'hui, la République Démocratique du Congo semble s'inscrire dans cette même logique. Les accords de médiation se doublent d'un sous-texte économique : cobalt, lithium ou terres rares alimentent ainsi une diplomatie qui relègue au second plan l'autonomie politique du pouvoir.

Autre enseignement : les accords de Doha puis de Washington confirment la dépendance stratégique et militaire d'une nation dont le destin ne lui appartient plus totalement, dès lors que ces processus sont conduits sous le haut patronage de puissances extérieures, aptes à influer de façon décisive sur le cours de choses. Dit autrement, le déroulement même de ces rendez-vous, fussent-ils constructifs et bienvenus, apparaît bien comme le symptôme d'une fragilité chronique évidente de la RDC sur la scène diplomatique.

Stérilité

Et c'est peut-être cet aspect-là qui, finalement, suscite en moi la plus grande frustration, quand je revisite les six années écoulées : non pas qu'il faille accabler Kinshasa compte tenu de l'ampleur objective des défis à relever, mais parce que la volonté réformiste et l'intensité des actes qu'ils auraient exigés ont rarement été au rendez-vous ni, en tout cas, à la mesure de ces enjeux. Et c'est évidemment très dommageable. Car si rien ne change d'un simple claquement de doigts, toute transformation structurante doit se concevoir selon une logique par étapes : des marches qu'on gravit une à une, des caps qu'on franchit successivement, chaque initiative nourrissant la suivante dans la construction d'un édifice qui conquiert ainsi sa robustesse. A l'inverse, l'absence de réforme crée la régression alors que les réformes conduites dans le désordre sont sources de stérilité. C'est d'ailleurs un autre motif de frustration, comme l'illustrent concrètement deux exemples qui me paraissent emblématiques.

Celui des Investissements Directs Étrangers (IDE), tout d'abord. On parle ici de l'ensemble des politiques publiques mises en place par un gouvernement pour faciliter les investissements extérieurs, afin de juguler les lourdeurs administratives, de renforcer la transparence ou de simplifier les process. Plusieurs États, tel le Sénégal, déploient progressivement des dispositifs dédiés, du guichet unique à la dématérialisation des procédures en passant par l'harmonisation des réglementations. L'impact peut être très significatif, facilitant l'implantation de nouvelles entreprises sur place. Certains pays misent également sur les « Zones économiques spéciales » (SEZ), lesquelles offrent un cadre fiscal plus favorable, avec notamment des exonérations d'impôts ou la suspension de droits de douane.

Mais les IDE ne se limitent pas à des allègements fiscaux ou administratifs : ils exigent aussi un environnement économique ouvert et dynamique. L'Éthiopie, par exemple, a longtemps protégé son secteur bancaire, mais elle a récemment adopté un cadre législatif autorisant la participation étrangère jusqu'à 40 % dans les banques locales. Une telle mesure vise à accroître la concurrence, à renforcer l'accès au financement et à moderniser un système bancaire jugé trop fermé. La Zambie, sous la présidence de Hakainde Hichilema, a de son côté, conduit des réformes pro-marché, en dialogue avec le FMI et les grands bailleurs, pour restaurer la confiance des investisseurs après une période de surendettement.

Autant de signaux forts aptes à séduire l'initiative externe, même si chacun sait bien que chaque décideur économique prend aussi en considération d'autres paramètres, avant d'investir son argent : la stabilité politique, l'efficacité gouvernementale, l'État de droit ou la lutte contre la corruption. Là où les institutions sont faibles, les capitaux se font rares. C'est pourquoi il existe des mécanismes de couverture susceptibles de rassurer les investisseurs, réponse pertinente sur un continent où la perception du risque demeure très élevée.

Dans ce cadre, un système bancaire solide constitue bien entendu un pilier de confiance central pour les IDE. Les investisseurs doivent pouvoir transférer, recevoir et rapatrier leurs capitaux sans entrave. La convertibilité et la disponibilité des devises étrangères s'imposent donc comme un critère essentiel. Plus la confiance dans le système bancaire est forte, plus l'attractivité du pays s'accroît. Le rôle des banques devient d'ailleurs de plus en plus considérable, qu'on parle de co-financement de certains projets avec des acteurs étrangers ou d'outils financiers innovants. S'y ajoute l'impératif d'une bonne régulation, symptôme d'une économie en bonne santé et forcément sécurisante : sont ici concernées l'application des standards internationaux, la transparence des bilans ainsi que la supervision efficace de la banque centrale. À l'inverse, un secteur bancaire fragile renforce le risque-pays et freine les capitaux.

Le retard congolais

C'est malheureusement le cas de la RDC. Son système bancaire demeure trop étroit : les investisseurs y rencontrent des difficultés pour accéder aux devises auprès de la BCC, les instruments de couverture sont quasi inexistants et le secteur reste dominé par quelques filiales de banques étrangères. Le moderniser via la digitalisation, l'arrivée de banques panafricaines et, comme on l'a vu, le développement d'un marché obligataire domestique serait un changement décisif pour l'attractivité du pays.

S'ajoute à ces handicaps, l'inscription de la RDC sur la liste grise du GAFI : en clair, on considère que le pays présente encore et toujours des déficiences stratégiques dans la lutte contre le blanchiment et le financement du terrorisme. Diagnostic qui n'est pas sans conséquence puisqu'il réfrène bien entendu l'ardeur d'éventuels investisseurs et entraîne une hausse des coûts des transactions.

Concrètement, l'attractivité du pays implique des réformes structurelles profondes, dont on peut regretter qu'elles n'aient pas été sérieusement engagées à ce jour, sinon de façon par trop embryonnaire.

Car l'impératif est celui de mesures volontaristes et complémentaires qu'on peut résumer de façon très synthétique :

- Convertibilité et transparence, avec la création d'un guichet spécial IDE à la BCC et publication régulière des réserves ;
- Produits financiers et garanties à travers (notamment) la création d'un fonds de co-garantie alimenté par l'État et les bailleurs ;
- Consolidation bancaire en encourageant les fusions, en attirant des banques panafricaines et en développant un marché obligataire ;
- Présence de banques dans les Zones économiques spéciales et possible expérimentation autour de monnaies digitales locales pour réduire les risques ;
- Positionnement régional avec la création d'une « Banque des IDE » ou la promotion de Kinshasa comme hub financier francophone.
- Modernisation du cadre légal et adoption de textes d'application clairs visant notamment à renforcer les capacités des autorités de supervision (BCC, CENAREF).
- Création d'un registre public des bénéficiaires effectifs.

Voilà ce qu'aurait dû dessiner une vraie dynamique réformiste, dédiée à transformer la RDC en véritable pôle d'attraction ouvert à des investissements extérieurs. Les années passent mais le contexte demeure, dominé par une fragilité aussi délétère que dissuasive pour de possibles partenariats.

Quel dommage ! Dès lors, toute initiative nouvelle – fût-elle bien orientée – s'inscrit dans un environnement qui, faute d'avoir été assaini, en limite les effets.

Le second exemple, celui des émissions obligataires est très révélateur. En effet, la RDC a fait le choix pertinent d'organiser sa première émission d'eurobonds de 1,5 milliard USD. D'autres pays africains avant elle, avaient déjà franchi le pas, tels le Bénin, le Cameroun, la Côte d'Ivoire ou le Sénégal. L'objectif est clair : lever des fonds et se donner ainsi de nouvelles marges de financement en s'ouvrant aux marchés internationaux.

Parti-pris stratégique cohérent dans un monde multipolaire puisque consistant à refuser d'être chroniquement soumis aux conditions imposées par un bailleur unique.

Pourtant, les pièges sont nombreux : des taux à deux chiffres peuvent transformer un tel financement en « chaîne invisible », plus lourde, au final, que l'aide conditionnelle. Ajoutons que sans reporting transparent et indépendant, la confiance des investisseurs, comme celle des citoyens, peut s'éroder. En outre, il est essentiel de bien « flécher » les capitaux vers des projets structurants, sans quoi l'eurobond perd sa justification à la fois politique et économique. Surtout, la structure économique de la RDC – une dette encore modérée mais très dollarisée et exposée à la volatilité du cuivre, du cobalt et à des réserves en devises limitées – risque de freiner la mobilisation des investisseurs. Quant à la vulnérabilité de son système bancaire et politique, elle ne peut qu'aggraver ce constat. En résumé, entre recherche de rendement, calculs géo-économiques et attractivité modérée de la RDC aux yeux des investisseurs, l'eurobond congolais peut trouver preneur … mais à un prix élevé.

Ce prix, c'est celui d'une capacité insuffisante à adresser à l'extérieur les seuls signaux qui vaillent et qui génèrent la confiance : des réformes structurelles destinées à faire entrer la nation congolaise dans une nouvelle ère démocratique, économique et financière. Comment revendiquer une souveraineté attendue par tout un peuple sans assumer des actes puissants à la mesure d'une telle bascule ?

Tout semble pourtant s'être passé comme si l'espoir originel s'étirait inlassablement, au rythme de décisions souvent recevables mais rarement décisives.

Comme l'amour, le leadership et l'indépendance exigent des preuves. Le conservatisme ou la frilosité n'en produisent pas. C'est pourquoi l'avenir de la RDC implique aujourd'hui de penser plus grand en allant plus vite.

Le sujet n'est plus d'identifier les réformes : la feuille de route est claire pour qui veut bien analyser les choses avec exigence. Il s'agit désormais de les mettre en œuvre, fussent-elles imposantes.

Le temps de l'action

Le temps de l'action est venu. Celui du citoyen aussi, ce qui exprime finalement la même chose.

Il convient de croire profondément dans la force créative du peuple congolais et lui reconnaître, vraiment, cette part de pouvoir dont il fera assurément le meilleur usage.

Cette conviction me renvoie souvent aux premières années de ma vie, dans le quartier de Lingwala. Mes parents, mes quatre frères et sœurs, la solidarité au cœur de cette petite communauté de maisons, les sons, les parfums, la lumière, à jamais ancrés dans mon souvenir …

Le sort, la volonté aussi, ont offert au gamin de Kinshasa la possibilité de tracer sa route. Il faudrait aujourd'hui que chaque jeune, même issu d'un milieu modeste, puisse ainsi se voir reconnaître la chance de se déployer, quand une nation a à cœur d'adresser un message de confiance à chaque membre de sa communauté.

L'action … C'est un principe que j'affectionne et que j'ai appris à conjuguer, y compris à l'imparfait tant il est vrai que nous avons tous le droit à l'erreur. Mais je préfère mille fois une puissance agissante à un pouvoir recroquevillé. Chacun peut, à l'échelle de sa propre existence, tenter de faire bouger les lignes, ce qui influe souvent sur le cours de notre vie collective.

Fort de ce constat, j'ai lancé récemment un Think Tank : « Africa Risk ».

« Aide-toi, le ciel t'aidera » : m'inspirant – un peu – de ce précepte, je n'ai pas regardé le ciel mais plutôt la réalité en face. Et il m'a semblé pertinent de fonder ainsi un centre indépendant d'analyse stratégique dédié à la gouvernance des risques économiques, financiers et géopolitiques en Afrique, avec un accent particulier mis sur la RDC.

Tout part ici d'un diagnostic très simple : sans intelligence stratégique, il n'y a pas de souveraineté durable. Il faut donc participer de cette révolution intellectuelle et opérationnelle. Et ce que les politiques ne font pas – ou mal – les forces issues de la société civile, peuvent sans doute y contribuer.

Une telle entité aura donc vocation à aborder des sujets dont le présent ouvrage a largement traité : les réformes bancaires et les politiques monétaires africaines, les conditions de la stabilité macroéconomique, les nouveaux termes de la diplomatie économique ou encore la gestion des risques liés à la dette, aux matières premières ou aux conflits.

Vaste programme ! Mais les talents seront au rendez-vous puisque cette structure à but non lucratif intègre un conseil scientifique composé d'experts africains et internationaux et qu'elle travaille en synergie avec des universités, banques centrales et institutions régionales. L'objectif, à travers des conférences et des publications régulières, est bien de prendre sa part, humblement mais sûrement, dans la construction d'une vraie souveraineté africaine et singulièrement, congolaise.

Un siège implanté à Kinshasa, des relais à Paris, Johannesburg, Nairobi et Abidjan, ce nouvel acteur veillera à apporter un tribut aussi éclairant que possible aux grands enjeux de l'analyse géoéconomique et de veille stratégique et réglementaire. Car dans ce monde instable à l'horizon souvent opaque, l'Afrique a besoin d'outils de projection, de datas fiables et d'une capacité réelle à déterminer les termes de son propre futur. Souvenons-nous de Cheikh Anta Diop pour qui « *L'avenir appartient à ceux qui auront les données.* » …

Ces données, il convient donc de les partager, de les diffuser, de les soumettre à une intelligence collective qui peut favoriser leur pleine exploitation.

Là-encore, le peuple.

Ne pas le considérer comme la source d'une somme de problèmes ou de contraintes : prendre appui sur lui, sur son dynamisme, sa motivation, son expérience et sa soif de changement. Le mouvement inquiète souvent le politique. C'est pourquoi le politique a souvent tendance à organiser les conditions de l'inertie plutôt qu'à assumer celles d'une crépitation citoyenne. Calcul étriqué qui n'aboutit, finalement, qu'à la reproduction des mêmes travers qu'on s'était pourtant engagé à dépasser…

J'en veux pour preuve l'incroyable sous-estimation de cette force congolaise, active, inventive, diverse et engagée qui « est » le Congo, qui le fait vivre à travers le monde, qui en affiche avec fierté et intelligence, à la fois la culture et l'identité : la diaspora.

L'Afrique au cœur des crises, absente des décisions Il est une contradiction que l'ordre international contemporain n'a jamais véritablement résolue. L'Afrique est omniprésente dans les crises mondiales, mais marginale dans les instances où se décident leurs issues. Conflits armés, sanctions, opérations de maintien de la paix, crises humanitaires : une part écrasante des dossiers traités par le Conseil de sécurité des Nations unies concerne des pays africains.

Le continent constitue, de fait, l'un des principaux théâtres de l'instabilité mondiale. Pourtant, cette centralité dans les crises ne se traduit pas par une centralité dans la décision. L'Afrique ne dispose d'aucun siège permanent au Conseil de sécurité, instance pourtant chargée de garantir la paix et la sécurité internationales. Cette anomalie historique, héritée de l'après-Seconde Guerre mondiale, n'est pas un simple détail institutionnel. Elle révèle un déséquilibre politique profond, dans lequel l'Afrique est constamment analysée, arbitrée et jugée, sans jamais participer pleinement à la définition des règles qui la concernent. Ce décalage structurel explique en grande partie pourquoi tant de décisions majeures liées aux conflits africains continuent d'être prises hors du continent. Accords de paix négociés dans des capitales étrangères, cadres de stabilisation définis par des puissances extérieures, priorités sécuritaires alignées sur des intérêts qui ne sont pas toujours ceux des peuples concernés : l'Afrique demeure un objet de gouvernance internationale plus qu'un sujet politique à part entière.

Ce déséquilibre institutionnel explique pourquoi tant de décisions majeures concernant l'Afrique continuent d'être prises hors du continent. Tant que l'Afrique ne pèsera pas pleinement dans les enceintes de gouvernance mondiale, elle devra compenser cette faiblesse par une unité politique renforcée. Car dans un monde structuré par des blocs continentaux puissants, la fragmentation africaine constitue une vulnérabilité stratégique majeure. Aucun État africain, pris isolément, ne peut aujourd'hui peser durablement face aux grandes puissances ou aux coalitions structurées.

La division affaiblit la capacité de négociation, dilue la voix diplomatique et expose le continent à des arbitrages défavorables. L'unité africaine ne peut donc plus être envisagée comme un idéal abstrait ou un héritage symbolique des luttes d'indépendance. Elle devient une nécessité politique, économique et sécuritaire. Il ne s'agit pas d'effacer les souverainetés nationales, mais de les projeter collectivement. Une Afrique coordonnée, capable de définir des positions communes, de défendre ses intérêts stratégiques et de parler d'une seule voix dans les grandes enceintes internationales, cesse d'être gouvernable par les autres et devient un acteur avec lequel il faut compter.

C'est à ce prix seulement que l'Afrique pourra transformer sa centralité dans les crises en centralité dans les décisions, et passer du statut de continent administré à celui de puissance d'équilibre dans le monde multipolaire qui s'installe.

Diaspora

Juin 2025. Le « Junior Tour » me conduit à Montréal. Nulle méprise sur l'intitulé de cette démarche : je ne me prends pas pour une rock star et me garderai bien, d'ailleurs, de pousser la chansonnette, même dans le but de lutter éventuellement contre le réchauffement climatique …

Le « Junior Tour » c'est une initiative qui me tient particulièrement à cœur : pas seulement un déplacement, mais une traversée qui me conduit à la rencontre des communautés congolaises installées aux quatre coins du monde.

Car la diaspora n'est pas un détail de notre histoire contemporaine. Elle est une part essentielle de notre identité collective. Des femmes et des hommes partis pour étudier, travailler, entreprendre ou trouver refuge, mais qui n'ont jamais rompu le fil invisible qui les lie au Congo. On les présente trop souvent comme de simples pourvoyeurs de transferts financiers. Mais la vérité est plus profonde : la diaspora est un réservoir de savoirs, d'expériences et de réseaux internationaux.

Elle est une force vive capable d'accélérer le développement de ce grand pays et de contribuer au redressement du continent africain.

Elle représente, par là-même un incroyable potentiel dans la construction de l'avenir. Qu'on se souvienne ici du sens grec du vocable : diaspora signifie « Je sème ». À la fois un constat et un engagement …

Cette démarche en plusieurs étapes, je l'ai entreprise avec la volonté de donner un sens puissant à cette belle notion de « communauté de destin ». Se retrouver, partager un moment collectif par-delà les distances, tel est bien l'objet de tels rendez-vous. De Paris à Washington, de New York à Montréal, de Londres à Bruxelles, et jusqu'à Johannesburg, la diaspora congolaise est nombreuse, diverse et riche de talents. La rassembler c'est « faire Congo » en élargissant les frontières du pays.

J'aime à entendre les récits personnels, les parcours professionnels, les obstacles rencontrés mais aussi les rêves et les projets portés par ces Congolais de l'étranger. Chaque témoignage, chaque énergie qui se révèle à la faveur des prises de parole, me confortent dans l'idée que le futur de la RDC ne se construit pas seulement à Kinshasa, Lubumbashi ou Goma, mais aussi dans les universités américaines, les entreprises européennes ou les start-ups africaines de la diaspora.

Il me semble donc essentiel de valoriser ces parcours. Chaque membre de la diaspora est la pièce d'un puzzle essentiel : celui du développement économique du Congo. En mettant en lumière la pertinence de toutes ces contributions – qu'elles soient entrepreneuriales, intellectuelles, culturelles ou citoyennes – j'ai ainsi à cœur de transformer l'image de la diaspora : non pas un exil, mais une extension stratégique de la nation. Car la diaspora n'est pas une périphérie : elle est une force centrale de notre développement et de notre rayonnement international.

À travers ces rencontres, ces regards qui se croisent et ces idées qui fusent, je veux prendre ma part dans l'émergence d'un dialogue durable, créatif et stimulant. Démontrer à mon niveau que cette formidable communauté humaine représente l'un des atouts majeurs pour bâtir un Congo souverain, moderne et apte à regarder le monde dans les yeux.

Négliger cette dimension n'est pas seulement une faute politique, c'est une hérésie. Comme si le pays renonçait à une partie de lui-même.

…..

A l'inverse, j'ai la conviction que les esprits sont mûrs. Prêts à se mobiliser, pacifiquement, au service d'une ambition qui rassemble, motive et élève.

Éthique démocratique

Une université de 3500 étudiants qui peine à leur garantir l'accès à l'eau potable, est-ce concevable ?

C'est malheureusement le triste constat que j'ai fait lors d'un passage à l'Université Pédagogique Nationale de Lubumbashi, où je donnais une conférence.

A la faveur de chacun de ces rendez-vous que j'honore au cœur de la sphère universitaire, c'est toujours ce mélange de tristesse et d'espoir qui m'envahit : tristesse face aux moyens souvent indignes mis à disposition des forces vives de notre pays, espoir car il y a forcément de futurs Zuckerberg (au féminin comme au masculin…) parmi ces jeunes talents que je croise.

Échanger avec eux est toujours source d'inspiration et même de force. Ce qu'ils mettent en exergue dit une volonté en même temps qu'une ambition qui, légitimement, fait peu de cas des lieux communs ou des idées reçues au sujet de l'Afrique …

1,4 milliards de dollars. Selon les médias américains, ce montant désignerait l'enrichissement personnel de Donald Trump au cours de l'année écoulée. Les mécanismes utilisés seraient souvent complexes et conduiraient l'hôte de la Maison Blanche à s'affranchir de toute frontière entre l'exercice de son mandat et le service de ses intérêts privés. Ainsi, il aurait acquis des actions (pour des montants très significatifs) auprès de diverses sociétés avant que celles-ci ne bénéficient de décisions favorables de la part de… l'administration américaine.

Autre « levier » mobilisé par l'homme de Mar-a-Lago : l'usage de plus de 15 millions de dollars de ressources publiques pour promouvoir ses cryptomonnaies mais aussi une ligue de golf financée par l'Arabie saoudite dont il est associé ou encore ses propres complexes de golf en Écosse et en Floride.

Si de tels agissement sont avérés, ils portent un nom : corruption.

Et que dire du maître du Kremlin ? Même si la transparence n'est pas ce qui caractérise le mieux la pratique de Valdimir Poutine, il semble, là-aussi – sur la base d'informations ayant quand même filtré – que des placements élevés et réguliers sur des comptes offshores auraient contribué à sa fortune personnelle, sans compter les paquets d'actions d'entreprises russes qu'il détiendrait aujourd'hui. Autre constat : son opposant politique – mystérieusement décédé en prison – Alexeï Navalny estimait à plus de 1 milliard de dollars la superbe propriété qu'il possède aux abords de la mer Noire, palais emblématique de l'incroyable patrimoine que le président Russe se serait constitué au fil des années.

Que dirait-on s'il s'agissait de pratiques émanant de potentats africains ? Pas grand-chose, sans doute, comme si cela allait de soi, comme si le Continent avait l'exclusivité des détournements de fonds, des pratiques délictueuses et du piétinement assumé des règles de bonne gestion.

Mais dans chaque université que je visite en RDC, les étudiants expriment un ras-le-bol. L'Afrique, telle qu'ils la voient, est bien éloignée de ce rapport frelaté au pouvoir : elle est un espace d'expression ouvert, dédié à la défense de l'intérêt général, attentif à la contribution des peuples et respectueux de leurs choix.

Résultats électoraux contestés, polarisation extrême de la vie publique, justice et médias mis sous pression, légitimité de l'opposition sans cesse remise en cause par l'exécutif en place, parlementaires méprisés, culte de la personnalité poussé à l'extrême : parle-t-on ici d'un totalitarisme africain ou ... des Etats-Unis de Donald Trump ?

Concentration du pouvoir entre les mains d'un cercle restreint, absence de pluralisme, liberté de la presse introuvable, opposants politiques éliminés : décrit-on là, la dérive despotique d'un pays du Continent ou ... de la Russie de Vladimir Poutine ?

Nous en sommes là : l'Occident n'est plus nécessairement apte à administrer une « leçon de démocratie » à une Afrique politiquement rétive à la transparence et aux élections libres. Tirant le fil, on peut imaginer un avenir qui, sur le plan de l'éthique politique, rebattrait les cartes. Clientélisme, abus de pouvoir ou dérives autocratiques ne désignent pas une fatalité éternelle. Une jeunesse africaine instruite, connectée et tournée vers le monde, réclame à ses dirigeants plus d'honnêteté et de rigueur dans l'usage du bien public, au service du bien commun. Dans plusieurs pays, les organisations citoyennes, les médias indépendants et les contre-pouvoirs gagnent en influence. Et là-encore, le poids et l'impact des diasporas est indéniable.

Dès lors, le futur pourrait se traduire par un renversement de perspective fût-il aujourd'hui difficile à concevoir. À partir de vraies réformes dédiées à des institutions renforcées et sur la base d'une pratique plus respectueuse de l'électorat, oui, ce qui s'assimile aujourd'hui à un handicap, pourrait se transformer en atout. En clair, ayant subi les effets durables d'une gouvernance délétère, nombre de nations africaines pourraient être d'autant plus déterminées à construire des systèmes plus vertueux, plus robustes et plus aptes à garantir l'intérêt du collectif.

Je le crois profondément : si la volonté politique est au rendez-vous, le Continent pourrait, dans les années à venir, s'imposer comme le théâtre stimulant d'une expérimentation démocratique inédite, placée sous le signe d'un rapport au pouvoir et d'une participation devenus exemplaires car le peuple n'est pas une caution qu'on intègre à un discours le temps d'une campagne électorale : c'est l'objet même de tout engagement politique. Car la « Vie de la Cité » ne devrait jamais avoir d'autre sens que de servir ceux qui s'y déploient.

Ces femmes, ces hommes que je rencontre depuis tant d'années, ces yeux qui aspirent à voir autre-chose, ces tempéraments qui allient beauté et volontarisme, cette jeunesse qui veut croquer la vie à pleines dents, je sais qu'ils méritent autre-chose qu'un devenir situé entre l'incertitude et l'épreuve.

C'est possible. C'est légitime. C'est indispensable.

Annexe
Carnets de voyage

Quelques pensées qui naissent des rencontres, des lieux, des contextes.

L'influence « du terrain » sur ma propre réflexion.

Des événements qui suscitent le débat ou la controverse et permettent de confronter sa vision à celle d'autres acteurs engagés.

C'est tout cela à la fois que j'ai voulu partager à travers ces « carnets de voyage » issus de mes notes personnelles, à la faveur de déplacements qui m'ont particulièrement marqué.

Afrique de l'Est, Afrique du Sud.

Deux destinations, deux moments, des souvenirs qui resurgissent, des convictions qui s'ancrent ...

Retour d'Afrique de l'Est

Nairobi : vers une nouvelle architecture de souveraineté africaine

À la suite de l'Africa Forward Summit — Nairobi

À l'approche de ma participation à l'Africa Forward Summit, une conviction s'imposait à moi avec une clarté croissante : l'Afrique et l'Europe entraient dans une nouvelle phase de leur relation historique.

Ce sommet intervenait dans un contexte géopolitique profondément transformé. Le recul progressif de l'influence française dans certaines régions du continent, notamment au Sahel ; la montée simultanée de la Chine, de la Turquie, de la Russie et des pays du Golfe ; l'accélération d'un monde devenu pleinement multipolaire — tout cela contraignait l'Europe à repenser son rapport stratégique à l'Afrique.

Pendant longtemps, la relation euro-africaine s'était structurée autour d'une logique implicite : l'Europe finançait, l'Afrique recevait. Cette architecture verticale reposait sur une asymétrie historique devenue économiquement, politiquement et géopolitiquement insoutenable.

Car le monde avait changé.

Les chaînes d'approvisionnement se fragmentaient. Les rivalités de puissance réapparaissaient. Les matières premières critiques devenaient des actifs stratégiques. La souveraineté énergétique, industrielle et financière redevenait centrale dans les doctrines économiques des grandes puissances.

Dans ce nouvel environnement, l'Afrique cessait d'être perçue comme un simple marché à financer ou un réservoir de ressources. Elle devenait un espace décisif de compétition stratégique mondiale.

Dès lors, une question fondamentale s'imposait : *comment transformer l'épargne africaine en puissance économique africaine ?*

Ce déplacement est majeur.

Pendant trente ans, le débat économique africain s'est organisé autour d'une interrogation devenue presque automatique : comment attirer les capitaux étrangers ? Derrière cette question se cachait une forme de dépendance intellectuelle au financement externe, comme si le développement du continent devait nécessairement être impulsé depuis l'extérieur.

Cette approche atteint aujourd'hui ses limites.

Le véritable enjeu du XXIe siècle africain n'est plus seulement d'attirer des flux internationaux. Il est de bâtir une architecture capable d'organiser stratégiquement le capital africain lui-même.

À Nairobi, les discussions sur la mobilisation de l'épargne domestique, la profondeur des marchés financiers africains, la liquidité du *Private Equity* ou les partenariats public-privé résilients traduisaient en réalité une interrogation plus profonde : celle de la capacité du continent à financer souverainement sa propre transformation.

Ces sujets peuvent paraître techniques. Ils sont en réalité doctrinaux.

Car derrière les débats sur les marchés de capitaux ou les mécanismes prudentiels se cache une question essentielle : qui financera le futur africain, selon quelles règles, à quelles conditions et au service de quels intérêts stratégiques ?

L'Afrique dispose pourtant déjà de masses financières considérables :

- Une épargne domestique faiblement intermédiée,
- Des fonds de pension sous-dimensionnés,
- Des réserves d'assurance insuffisamment mobilisées,
- Une diaspora aux capacités financières significatives,
- Des revenus issus des matières premières largement recyclés hors du continent.

Le problème africain n'est donc pas un problème de manque de capital. Il est un problème d'architecture financière.

L'histoire économique mondiale révèle une constante : les grandes puissances se sont toujours construites autour d'institutions financières cohérentes avec leur projet géopolitique.

Les États-Unis ont bâti leur puissance sur la profondeur de leurs marchés de capitaux et la domination du dollar. L'Europe a structuré son influence autour de ses institutions financières et industrielles. La Chine a méthodiquement organisé un capitalisme d'État capable d'orienter massivement l'épargne nationale vers ses priorités stratégiques de long terme.

L'Afrique, elle, demeure financièrement fragmentée.

Cette fragmentation constitue probablement l'un des angles morts majeurs du débat panafricain contemporain. Car il ne peut y avoir de souveraineté économique sans souveraineté financière, et il ne peut y avoir de souveraineté financière sans capacité collective à orienter l'épargne vers l'investissement productif.

C'est précisément dans cette logique que s'inscrivent les travaux conduits au sein d'Africa Risk, notamment autour de l'ARI — Africa Risk Index.

L'objectif de cet indice est clair : permettre au continent de développer une lecture souveraine de son propre risque économique, financier et institutionnel.

Pendant des décennies, le risque africain a été évalué, interprété et tarifé depuis l'extérieur. Les modèles de notation, les mécanismes de perception du risque et les cadres prudentiels appliqués au continent ont été conçus à partir de grilles de lecture peu adaptées aux réalités africaines.

Cette situation produit une asymétrie structurelle majeure : des économies à fort potentiel continuent d'emprunter à des coûts particulièrement élevés, limitant mécaniquement leur capacité d'investissement et de transformation.

L'ARI répond à cette problématique à travers une approche intégrant :

- Les vulnérabilités macroéconomiques,
- La résilience bancaire,
- Les risques extérieurs,
- La gouvernance institutionnelle,
- Et les spécificités structurelles africaines, le plus souvent absentes des modèles traditionnels.

L'ambition dépasse l'exercice statistique.

Il s'agit de contribuer à la construction d'une infrastructure intellectuelle et prudentielle africaine, capable de produire ses propres instruments d'analyse, ses propres cadres de lecture du risque et, à terme, ses propres capacités de négociation financière dans un système mondial fragmenté.

Car mesurer le risque est déjà une forme de pouvoir.

Celui qui définit les modèles de risque influence directement le coût du capital, les flux d'investissement et, *in fine*, les trajectoires de développement des nations.

Le paradoxe africain est saisissant : le continent qui dispose probablement des ressources stratégiques les plus importantes du XXIe siècle continue d'être financé à des conditions souvent moins favorables que des économies beaucoup moins dynamiques.

Ce déséquilibre n'est pas seulement économique. Il est profondément géopolitique.

À mesure que les échanges avançaient à Nairobi, une intuition se renforçait : le futur du continent ne se jouera pas uniquement sur ses ressources naturelles, sa démographie ou ses infrastructures physiques. Il se jouera tout autant sur sa capacité à construire des architectures financières souveraines, des marchés de capitaux profonds, des mécanismes prudentiels adaptés et des institutions capables d'organiser stratégiquement son développement.

Autrement dit :

L'Afrique du XXIe siècle se jouera autant dans ses mines que dans ses modèles.

Le véritable enjeu n'est plus de produire davantage de richesse. Il est de bâtir les institutions capables d'orienter cette richesse vers une puissance économique durable.

C'est peut-être cela, au fond, que Nairobi révélait : le début d'une transition silencieuse entre une Afrique longtemps pensée comme périphérie du système mondial et une Afrique cherchant à devenir l'un de ses futurs centres de gravité.

Le chemin reste immense. Les dépendances héritées de l'histoire ne disparaîtront pas en quelques années. Mais une transformation intellectuelle est déjà engagée.

Le débat africain devient moins défensif et davantage institutionnel. Moins centré sur l'urgence immédiate et davantage sur les architectures de long terme. Moins focalisé sur la seule recherche de financements externes et davantage sur la maîtrise des leviers structurels de souveraineté.

Dans cette recomposition mondiale, l'Afrique ne pourra plus se contenter d'être un espace d'extraction ou de projection d'influences étrangères. Elle devra devenir un espace de conception stratégique.

Car les grandes puissances ne se définissent pas uniquement par leurs ressources ou leur démographie. Elles se définissent surtout par leur capacité à produire une vision, des institutions et des instruments capables d'organiser leur destin historique.

Et c'est précisément là que commence la véritable révolution africaine.

Retour d'Afrique du Sud …

Soweto, conscience morale d'un monde en recomposition

Soweto n'est pas un simple lieu de mémoire ; c'est un espace géopolitique où l'histoire, l'insoumission et la dignité désignent autant de forces dans son déploiement international. Participant au Tropic Summit, organisé en marge du G20, j'ai choisi de consacrer du temps à la compréhension de ce lieu emblématique. Pas comme un simple « visiteur ». Plutôt comme un humble pèlerin, un citoyen du monde conscient que construire l'avenir implique de comprendre les ressorts, les racines de la liberté.
En visitant la demeure de Nelson et Winnie Mandela, j'ai pénétré un sanctuaire où les murs portent encore la vérité brute de ce passé. Des impacts de balles sur la façade, stigmates d'un système tyrannique, convaincu de sa capacité à réduire une nation au silence …

Je reste figé. Un choc qui mêle émotion et rage. La liberté n'est pas abstraite : elle se paie en courage, en sacrifices, en douleur et en persévérance.

Quand je quitte cette demeure où le souffle de la résistance semble irriguer chaque pièce, je rejoins Vilakazi Street, adresse unique qui fut celle de deux Prix Nobel de la Paix.

J'y suis accueilli par de jeunes danseurs Zulu. Leur art, à la fois vibrant et serein, fait surgir en moi cette idée simple : un peuple qui danse, dit qu'il reste debout, invaincu.

Et une question s'impose : Soweto, laboratoire moral du monde multipolaire ?
Car à toute lecture géopolitique contemporaine, Soweto offre un éclairage essentiel : les peuples qui ont souffert comprennent mieux que quiconque les mécanismes du pouvoir, de la domination et de la libération. À l'heure où les équilibres mondiaux se recomposent, la tentation des grandes puissances est d'imposer leurs récits. Mais Soweto oppose à ces desseins une vérité sans appel : les nations ne se libèrent jamais par procuration, elles conquièrent leur autonomie par la conscience qu'elles ont d'elles-mêmes.

C'est une leçon majeure pour la République démocratique du Congo, au cœur des enjeux stratégiques du XXIe siècle. La RDC n'est pas seulement un pays :

C'est une intersection géopolitique, un véritable réservoir stratégique. Notre pays est observé, convoité, courtisé. Mais il ne deviendra une puissance d'équilibre que s'il reconnaît lui-même la valeur qu'il porte.

C'est la deuxième leçon de Soweto : un peuple qui ignore son prix devient vulnérable ; un peuple qui le comprend s'avère imprenable. Les murs criblés de balles de la maison Mandela rappellent aux nations riches en ressources dont la nôtre que la souveraineté ne se reçoit pas.

Elle se conquiert, elle s'organise, elle se protège. Elle est une responsabilité. Et cette responsabilité incombe à celles et à ceux qui aspirent à la diriger.

Ubuntu.

Je suis parce que nous sommes.

À travers ces pages, j'ai voulu exprimer ma vérité et, ce faisant, ma confiance.

J'ai voulu proposer des pistes concrètes, des réformes nécessaires, des actes exigeants mais accessibles.
Pour une Afrique influente dans le monde et un Congo inspirant en Afrique.

Sans autre objectif que d'apporter un tribut à ce combat commun dans lequel chacune et chacun peut investir son propre talent.

Passer du chaos à l'essor.

Dans la fidélité au message de Patrice Lumumba pour qui « L'Afrique écrira sa propre histoire et elle sera, au nord et au sud du Sahara, une histoire de gloire et de dignité ».

À travers ces pages, j'ai voulu exprimer ma vérité et, ce faisant, ma confiance.

J'ai voulu proposer des pistes concrètes, des réformes nécessaires, des actes exigeants mais accessibles.

Pour une Afrique influente dans le monde et un Congo inspirant en Afrique.

Sans autre objectif que d'apporter un tribut à ce combat commun dans lequel chacune et chacun peut investir son propre talent.

« Du chaos à l'essor, l'Afrique n'est pas condamnée à subir le monde qui vient : elle peut encore le façonner. »

Dans la fidélité au message de Patrice Lumumba pour qui « *L'Afrique écrira sa propre histoire et elle sera, au nord et au sud du Sahara, une histoire de gloire et de dignité* ».

Table des matières

Structures éditoriales du groupe L'Harmattan

L'Harmattan Italie
Via degli Artisti, 15
10124 Torino
harmattan.italia@gmail.com

L'Harmattan Hongrie
Kossuth l. u. 14-16.
1053 Budapest
harmattan@harmattan.hu

L'Harmattan Sénégal
10 VDN SICAP AMITIE 3
BP 45034 Dakar-Fann
direction@senharmattan.com

L'Harmattan Cameroun
Tsinga/Derrière polyclinique FECAFOOT
BP 11486 Yaoundé
Jacques.koukam@harmattan.fr

L'Harmattan Burkina Faso
Villa 281, secteur 23 623, rue 14.32
Ouagadougou
zagbie@outlook.fr

L'Harmattan Guinée
Almamya, rue KA 028 OKB Agency
BP 3470 Conakry
harmattanguinee@yahoo.fr

L'Harmattan RDC
185, avenue Nyangwe
Commune de Lingwala – Kinshasa
matangilamusadila@yahoo.fr

L'Harmattan Congo
219, avenue Nelson Mandela
BP 2874 Brazzaville
deunovmikhael@gmail.com

L'Harmattan Mali
Immeuble Mgr Jean Marie Cissé
Aci Hamadallaye
BP 145 Bamako
syllaka@yahoo.fr

L'Harmattan Togo
Djidjole – Maison Amela
face EPP BATOME
02 BP 20680 Lomé
didieramela11@gmail.com

L'Harmattan Côte d'Ivoire
Résidence Karl – Cité des Arts
Abidjan-Cocody
03 BP 1588 Abidjan
harmattan.ivoire@gmail.com

L'Harmattan Bénin
Rue 604, (Immeuble à l'entrée
de la rue UCAO- Cite de Saint-Jean)
Cotonou
stepcorpus@gmail.com

Nos librairies en France

Librairie internationale
16, rue des Écoles
75005 Paris
librairie.internationale@harmattan.fr
01 40 46 79 11
www.librairieharmattan.com

Librairie des savoirs
21, rue des Écoles
75005 Paris
librairie.sh@harmattan.fr
01 46 34 13 71
www.librairieharmattansh.com

www.ingramcontent.com/pod-product-compliance
Lightning Source LLC
LaVergne TN
LVHW050820061126
851857LV00012B/897